FÓRMULA MULTINIVEL

OBTÉN EL RANGO MÁS ALTO, GANA 7 CIFRAS Y VIVE LA LIBERTAD FINANCIERA

RAFA ALATORRE

FÓRMULA MULTINIVEL

OBTÉN EL RANGO MÁS ALTO,
GANA 7 CIFRAS Y VIVE LA
LIBERTAD FINANCIERA

Formula Multinivel
Obtén el rango más alto, gana 7 cifras y vive la libertad financiera

© Rafa Alatorre
Todos los derechos reservados
Certificado de Propiedad Intelectual: 2307184857894
Primera Edición: julio, 2023

Edición: Autores Implacables
Corrección de estilo: Mauricio Rumualdo y Nahomi Mendoza
Diseño de portada: Aranza Villalobos
Diseño editorial interior: Sony Ramos

 www.autoresimplacables.com

ÍNDICE

PRESENTACIÓN

¡Querida, querido emprendedor! Te doy la bienvenida a este libro. Mi nombre es Rafa Alatorre y he decidido, a partir de la experiencia de haber generado más de un millón de dólares dentro de la industria del multinivel y de formar relaciones de negocios con organizaciones de todo el mundo, escribir para ti todos los aprendizajes que he obtenido a lo largo de mi carrera como emprendedor para que tú puedas generar siete cifras de dinero ¡en menos de un año! Sí, aunque no lo creas, las cinco fórmulas que voy a compartirte en este libro son la clave para que tú puedas tener éxito en tu negocio multinivel. Es por eso que encontrarás un contenido muy valioso, lleno de estrategia, amor y validación, además de que descubrirás cosas muy interesantes que te harán entender mejor el alcance que puede tener esta industria tan maravillosa en tu vida.

Mi propósito, en primer lugar, es que tú te conviertas en una persona capaz de introducir un producto o servicio con éxito y que puedas hacerlo de forma masiva. Quiero profesionalizarte en tu carrera, que tengas más intensidad en tu trabajo y puedas empezar con el pie derecho en este camino dentro del *network marketing*.

En segundo lugar, quiero que encuentres cómo se puede tener éxito e impacto sin las mentiras, las frases gastadas ni los clichés que han generado una impresión negativa en esta industria. Si tú has tenido que hacer uso de estas prácticas dentro de un negocio y por este motivo no has podido obtener un mayor crecimiento, este libro te ayudará a superarlas para hacer una carrera profesional, honesta e impecable.

También deseo que, una vez que encuentres los resultados que siempre has soñado, ayudes a otras personas a que se beneficien de eso y que, en el proceso, tú ganes una recompensa invaluable. Cuando termines la lectura del libro, te darás cuenta de la vital importancia que tiene trabajar en equipo, formar redes y luchar juntos para alcanzar nuestras metas. De hecho, quiero que compartas este material con tu equipo u organización para que aportes valor en su formación como profesionales de la industria.

Con todo esto busco apoyar a cientos de miles de emprendedores que existen en Latinoamérica para descubrir exactamente cuáles son sus principales problemas dentro de sus negocios y ayudarles a resolverlos, ya sea que tengan dificultades con las invitaciones a prospectos, seguridad personal, en el cierre de ventas o en el seguimiento a clientes. Esto es algo real porque, muchas de las veces, los emprendedores no cuentan con la información adecuada que les permita afrontar los desafíos de esta industria, quizá porque no tienen acceso al idioma inglés o porque la información que consultan solo es apta para otros países y contextos.

Es por eso que aquí te ayudaré paso a paso a desarrollar tu propio negocio con 5 fórmulas que he preparado para ti:

1. Duplicación
2. Atracción
3. Carrera e incentivos
4. Arranque explosivo
5. Automatización

Una vez que domines estas 5 fórmulas, que me funcionaron para encontrarme donde estoy hoy en día, podrás formar un equipo sólido y generar los ingresos de siete cifras que tanto has deseado. Te compartiré todo lo que necesitas saber de multinivel, pero antes de irnos de lleno, te he preparado un *kickstart* que te dará conocimientos generales y previos a las 5 fórmulas que te darán el éxito.

Antes de comenzar con la lectura del libro, permíteme hacerte una invitación específica. Para mí es muy importante que tú cumplas con tus objetivos y termines todo lo que te propongas. Por eso, sé que, al adquirir este libro, tú tienes la intención de tener crecimiento y éxito en este negocio, así que tu primera tarea es leerlo por completo, que conozcas todo el entrenamiento que estoy por compartirte en estas páginas. Esto es necesario porque hay muchas personas que no suelen terminar lo que comienzan y que se quedan en los primeros capítulos de un libro, ya que deciden abandonarlo con la excusa de retomarlo después. Lamentablemente, la mayoría de las veces nunca vuelven a consultarlo y las personas pierden la oportunidad de desarrollar las habilidades, prácticas, conocimientos o valores contenidos en esta lectura.

De esta forma, la instrucción que te invito a hacer es que consultes este libro con mucho valor y respeto, porque te aseguro que encontrarás un contenido muy claro, especializado y enriquecedor que te dará las herramientas para ser un emprendedor exitoso. He diseñado para ti una estructura en la que encontrarás únicamente información valiosa, sin rellenos y sin información ambigua.

Disfruta este entrenamiento, te lo comparto de todo corazón. ¡Enhorabuena por estar aquí! ¡Felicidades! Te estás dando la oportunidad de salir de la "Matrix", donde todo el mundo vive por inercia. ¡Felicidades por capacitarte, querido emprendedor! ¡Felicidades por conseguir este libro sobre el crecimiento profesional!

Capítulo 1

KICKSTART MULTINIVEL

Mi experiencia en el multinivel es de seis años como consultor y tres años como distribuidor, actividades que cambiaron mi vida. Desde pequeño, debido a que mi madre hizo MLM yo crecí escuchando hablar sobre el *network marketing*. Gracias a esta industria he podido conocer muchos países, adquirir nuevos conocimientos y formar grandes amistades. Por supuesto, tener una exposición masiva me ha permitido ganar miles de dólares en el camino. Sin embargo, cuando entré a este negocio me enfrenté a circunstancias o factores que no me gustaban del todo.

Antes de haber ingresado al multinivel, yo tenía experiencia laboral en distintas secciones del área corporativa, por lo que pensé que sería sencillo ingresar a esta industria. ¡Error fatal! Recuerdo a la perfección cuando acudí a mi primera invitación de negocio en la que vi a muchas personas emocionadas, en un ambiente de gran convulsión y alegría. Yo pensaba: *¡Wow! ¿Qué pasó? ¿A dónde me vine a meter? ¡Esto parece una secta! ¡Esto parece una nueva religión! ¡Esto no es para mí!*

Probablemente, esto también te haya sucedido a ti, más si, como pasó conmigo, tú tenías un poco de arrogancia debido a tu profesión anterior. No obstante, pronto me di cuenta de que había dos caminos a elegir dentro de esta industria multinivel: ser un profesional capaz de generar muchísimo dinero o ser un *amateur* que solo pasa el tiempo viviendo experiencias interesantes que tal vez puedan servir como una escuela de vida, pero sin generar resultados. En este sentido, el *network marketing* es un tipo de negocio para profesionales. Así que, si tú le inviertes tu tiempo y dedicación de manera profesional a un negocio, es invariable que vas a tener éxito e impacto masivo, que irá acompañado de muchos cientos de miles de millones de dólares.

Además, este profesionalismo siempre debe contar con un carácter emocional, porque este es el factor que permite mantener la energía de todo emprendedor. Para que entiendas esto de mejor manera, quiero que hagas un comparativo. De alguna forma, en nuestras sociedades se nos ha inculcado que todo se logra a través de cumplir órdenes, tomar decisiones y ganar un sueldo, pero esto es precisamente lo que no se persigue en el multinivel: aquí no se persiguen salarios, sino sueños. Por lo tanto, si los emprendedores de esta industria persiguen el sueño de su propia libertad, no podrán vivir sin la emoción de luchar por conseguir su meta.

Más aún, el multinivel te hace relacionarte con otras personas que también luchan por sus sueños y estos lazos de unión, que permiten ayudar a los demás a convertirse en profesionales, son los que me hicieron enamorarme de la industria.

EL INGRESO EN LA INDUSTRIA DEL MULTINIVEL

En una conferencia magistral dentro de la Young Living Convention de 2018, Eric Worre, uno de los mentores del multinivel más impresionantes del mundo, dijo que en esta industria se llega por inspiración o por desesperación: *Some people get involved for inspiration and some people get involved out of desperation. I got involved down in desperation* (Rachel

L Maguire, 2018). De esta manera, existen dos opciones para ingresar al multinivel:

1. Por inspiración

2. Por desesperación

Personalmente, creo que llegué por inspiración y no por desesperación. Sabía mucho acerca de la industria porque conocía a las personas que me invitaban a participar y sabía que tenían éxito. Incluso, sentía que algunas de estas personas tenían menos talento, capacidad y carisma que yo.

Por eso quise entrar, para generar las mismas cantidades o más, que obtenían personas que yo veía con menos preparación. Sí, entré al multinivel inspirado por el dinero, los resultados y el reconocimiento porque tenía una mentalidad de ahorrar lo gastado en oficinas, luz o personal operativo para generar los ingresos que no podía obtener en mis anteriores trabajos de oficina.

Por otro lado, hay muchas personas que llegan por desesperación. La mayoría de ellas entran porque pasan por un mal momento en sus vidas y el multinivel se convierte en su refugio para crecer y salir adelante. Pueden tratarse de jóvenes que necesitan dinero porque no tienen estudios u oportunidades, madres solteras que tienen que sacar adelante a sus hijos o adultos mayores que son despedidos de sus empleos o que no tienen mucha capacidad económica, entre muchos otros casos. Hay historias tan conmovedoras que, una vez que tú te enamores y logres conectar con la industria al asumir un perfil profesional, no solamente vas a hacer muchísimo dinero, sino que vas a ayudar a cientos de miles o hasta millones de personas a cambiarles la vida. ¡Esta es la industria de los sueños! ¡Bienvenido, bienvenida a la industria donde los sueños se hacen realidad!

Ahora que conoces las dos opciones por las que puedes ingresar al multinivel, te invito a reflexionar las siguientes preguntas: ¿Cómo ingresaste al *network marketing*? ¿Qué fue lo que te movió? ¿Cuáles fueron los motivos por los que entraste? ¿Qué fue lo que te conmovió?

EL PLAZO DEL ÉXITO: LA FÓRMULA 1, 3, 5 Y 7

Dentro del multinivel, la carrera de las personas que vienen desde cero se conforma en un promedio de siete años en los que aprenden habilidades, estrategias y técnicas que les permiten liderar y acrecentar el movimiento de sus equipos. Este es el tiempo máximo para alcanzar un rendimiento de clase mundial, con el que ya puedes ganar millones de dólares anuales en la industria. Tal vez pienses: *¿Siete años? Oye, Rafa, ¡yo no tengo nada de experiencia! ¡Siete años es muchísimo tiempo!*

Bueno, entiendo que puedas pensar así, pero te reto a que compares a la industria multinivel con cualquier otra, la primera que se te venga a la mente. ¿Cuánto tiempo, ya sea como abogado, médico, carnicero, carpintero o taxista, te tomaría convertirte en una estrella de clase mundial en tu nicho respectivo y generar millones de dólares? Yo puedo asegurarte que en esta industria está altamente comprobado que las personas deben seguir este patrón de siete años para alcanzarlo, es el plazo del éxito.

En este crecimiento, algo que funciona mucho para guiarte en el camino que hay por recorrer para triunfar es la fórmula 1, 3, 5 y 7, independientemente de tu capacidad, habilidad o nivel de experiencia en la industria; porque hay personas que tienen más o menos habilidades, que son mejores invitando, que tienen más seguridad para dar una presentación o que son fantásticos haciendo seguimiento, pero hay otros que no. La fórmula consiste en lo siguiente:

1. **Se refiere a las habilidades que tú vas a adquirir dentro de tu primer año en la industria del multinivel.** En este primer año lograrás generar un ingreso, pero no vas a hacerte rico. Regularmente, si vienes desde cero o si no tienes ninguna experiencia como emprendedor, tu primer año es de muchísimo aprendizaje, de entender y conectarte con el sistema: aprender a invitar, presentar y vivir toda la experiencia inicial del multinivel.

3. **En tus primeros tres años alcanzarás a generar una segunda fuente de ingreso, es decir, tener un trabajo formal.** Muchas de las personas que están ingresando en la industria tienen hoy un trabajo formal además de su labor como

emprendedores. En este caso, el tercer año dentro del multinivel te permite igualar tus ingresos al del sueldo de tu trabajo formal.

5. **En el quinto año serás parte de las personas que, dentro de la industria, generan mucho dinero: miles de dólares al mes.** Por ejemplo, en Estados Unidos, las personas que generan ingresos de doscientos cincuenta mil dólares al año se consideran de clase media (BBVA, 2021), que son unos veinte mil ochocientos dólares al mes. En cambio, para tu quinto año en el multinivel, ya hablamos de generar arriba de noventa mil dólares mensuales, es decir, de superar a la clase media de uno de los países más enriquecidos del mundo.

7. **En el año siete ingresas al *World Class*.** Te conviertes en un embajador de clase mundial, una persona que es capaz de alcanzar, por lo menos, un millón de dólares en ganancias anuales, totalmente libres de impuestos.

Ahora que conoces esto, ¿consideras que siete años es muchísimo tiempo para convertirte en millonario? ¿Crees que es imposible para las personas que llegan por desesperación convertirse en millonarias en siete años? ¡Recuerda! El proceso de cada persona en este negocio es individual, porque todos tenemos habilidades y capacidades diferentes, pero, si seguimos la misma ruta de éxito, te aseguro que todos podemos cambiar nuestra vida y la de las personas que nos rodean.

GENERACIÓN DE RIQUEZA

Te explicaré cómo es que se paga en esta industria. Primero, quiero que pienses en empresas como Amazon, Walmart o Costco, que invierten casi el 50 % de sus utilidades en *marketing* para distribuir los productos que consumimos. Un gran porcentaje de inversión, ¿no lo crees? En cambio, en el multinivel se ahorra este pago en publicidad porque utiliza el *marketing* de influencia directa. Esto quiere decir que las comisiones obtenidas por las ventas pasan a los distribuidores directos, en lugar de pasar a las plataformas como Facebook o Google.

De esta manera, si tú realizas una venta recibes una comisión, además de que, cuando atraes a un cliente, no te pagan una sola vez, sino que te pagan por el resto de la vida en que ese cliente esté consumiendo los productos y servicios que adquirió de ti. Eso es lo maravilloso que tiene esta industria, el apalancamiento. Por ahora, debes saber que la generación de riqueza en el multinivel se obtiene por medio de tres puntos específicos:

1. **Vender.** Necesitas algún producto o servicio que pueda comercializarse; pueden ser cremas, malteadas, aceites esenciales, *trading*, cursos de idiomas, etc. Prácticamente, cualquier producto o servicio ya está dentro de la industria multinivel y tú generarás dinero cada vez que coloques un producto o servicio en un mercado. Aquí es importante tu capacidad de influencia, ya sea con tus amigos, familia o conocidos: *¡Oye, mira! Tengo*

una excelente pasta de dientes o un excelente curso, yo lo probé y me encantó, ¡me voló la cabeza! Por eso quiero que lo consumas, ¡quiero que lo pruebes también! Cada vez que tú logres eso, vas a poder generar un ingreso y, por consecuencia, riqueza.

2. **Construir equipos.** Esto se refiere a gerenciar, motivar e incentivar a las personas para que te ayuden en este esfuerzo de ventas y que promuevan esos mismos productos o servicios; aquí es donde se genera el efecto de red de negocios. Ya no solamente generas ingresos por lo que tú vendes, sino que generas ingresos también por lo que genera tu equipo de distribuidores de ventas; es decir, ellos van a generar una comisión por su venta y tú vas a generar una comisión por sus ventas. Esto es el apalancamiento, formar a personas que, a su vez, forman otras en un tipo de bola de nieve que convierte tu negocio en una organización imparable en la que, con el paso del tiempo, te dé tiempo libre para despejarte sin dejar de estar generando ingresos diarios. Cuando entendí este efecto compuesto, mi vida nunca volvió a ser igual porque mi obsesión se enfocó en cómo construir organizaciones de esa manera.

3. **Mejorar la productividad de los equipos.** En el multinivel también te pagan por elevar la calidad, entrega, compromiso, educación, formación y rendimiento de tus equipos de trabajo, esto es fundamental para que puedan seguir vendiendo,

creciendo e incentivándose. ¿Por qué te pagan por eso? Porque, de alguna manera, dado que las compañías no tienen una carga a nivel de sueldos o de seguro médico, te benefician por mantener a un ejército honorario de personas que están comprometidas con sus sueños, que son capaces de construir una organización y apalancar a mucha gente, a la que también le cambian la vida.

Estas son las tres formas en que se generan ingresos dentro del multinivel. Te prometo que, si eres constante, determinado, enfocado y, sobre todo, te permites equivocarte (porque esto te permite aprender y trascender en el negocio), obtendrás todos los resultados que desees.

LA ACADEMIA DEL MULTINIVEL

El multinivel es una academia que nos ayuda a crecer masivamente nuestros ingresos y nuestra influencia. Nos permite convivir con muchas personas, viajar a diversos países, abrir mercados y disfrutar realmente de lo que hacemos, sin contar con horarios, barreras geográficas ni jefes. En esta industria únicamente dependes de ti, de tu esfuerzo, capacidad y nivel de influencia. Por eso voy a mostrarte, de manera general, cómo puedes crecer y escalar tus resultados dentro de la industria del multinivel al concebirla como si fuera una escuela.

¿Por qué el multinivel es una academia? Como te habrás dado cuenta hasta ahora, esta industria transforma a las personas al enseñarles todas las habilidades y capacidades que no obtuvieron en ninguna institución educativa para generar mayor riqueza de la que puede hacerse en una profesión convencional. Escribo esto con mucho respeto, porque yo, que estudié una carrera y un posgrado, además de haber sido un profesor de universidad, me topé con muchos obstáculos cuando me di cuenta de que mi título profesional y mi trabajo eran insuficientes para generar la cantidad de dinero que yo anhelaba sin tener que depender de alguien más.

De esta forma, el multinivel es la academia perfecta donde las personas encuentran un espacio para consolidarse como emprendedores y generar millones de dólares sin tener que hacer grandes inversiones de capital. A continuación, te explicaré con claridad los dos elementos que convierten a esta industria en una universidad maravillosa y enriquecedora:

1. **Ofrece el mejor sistema educativo.** El multinivel es una universidad donde te pagan por aprender. En esta institución, uno de los secretos es la práctica y la ejecución masiva, porque hace que los estudiantes se desarrollen y tengan el impacto que quieren frente a cualquier obstáculo. Es la mejor escuela del mundo y, mientras practiques de forma constante, mejorarás aún más. Encima, recibes un pago o una ganancia cada vez que avanzas de curso o de nivel. De esta forma, de acuerdo con tu desempeño escolar, llegará un momento en que habrá personas que te estén

buscando, que estén necesitando tus productos o servicios y quieran una oportunidad de negocio al afiliarse contigo.

2. **No necesitas un título previo.** No necesitas ser abogado o doctor para ingresar a la academia, solo necesitas la disposición de poder hacer bien el plan de estudios. Además, el multinivel es una escuela muy tranquila, porque no te expulsan ni te bajan de grado. De esta manera, puedes cumplir con los siete años de estudios y egresar ¡como un millonario!

¿Te das cuenta de cómo esta industria es una academia de sueños y oportunidades? Si eres aplicado en este sistema escolar, terminarás por generar dinero, impacto y libertad en una fórmula de siete años que te permitirá alcanzar la cima del bienestar financiero. ¿Estás listo para inscribirte?

LAS GARANTÍAS DEL ÉXITO

Todas las personas que realmente quieren cambiar su vida pueden tener resultados dentro del multinivel. Por eso, te expondré las garantías del éxito que tienes en esta industria, pero antes déjame aclararte algo. En todas las compañías de *network marketing* manejan la figura de *upline*, que es la persona que afilia a otra al negocio, y *downline*, que es la persona afiliada a la red. De esta manera, todos entramos como *downline* y nos convertimos en *upline* al afiliar a la gente. Sin embargo, cuando ingresamos a la industria solemos apegarnos a nuestro *upline*, ya que esta persona es la que nos motiva, nos dice que nos haremos ricos y que tendremos mucho impacto, pero, muchas veces, con el pasar de las semanas esta persona termina por alejarse de la organización. En cambio, nosotros nos volvemos el nuevo *upline* que forma un equipo y crece en el negocio.

Con esto quiero hacerte saber que la garantía de éxito depende única y absolutamente de ti. Mientras más rápido seas consciente de que tú eres el único responsable de lo bien o de lo mal que te vaya, será más fácil para ti crecer en la industria. Por esto, es importante alejarte de las personas que no aporten nada en tu crecimiento y acercarte a aquellas que sí suman a tus sueños. Es como mi papá me decía: *Mijo, ¡hay que arar la tierra con el buey que nos tocó!* Es decir, tú tienes que ser estratégico en la industria del multinivel, tener la capacidad de discernir cuáles son los recursos que tienes a tu disposición, qué cosas te sirven y qué cosas no te sirven para tomar lo bueno y empezar a trabajar sobre eso.

Ahora, te daré a conocer los elementos que te darán la garantía de triunfar en el multinivel:

- **Conocer el sistema de la compañía.** Si tú quieres tener éxito, debes entender con claridad el sistema de la compañía: presentaciones, capacitaciones y eventos presenciales o en línea. No se puede crecer si tú no estás al tanto de toda la comunicación corporativa y de todo lo que se está haciendo dentro de tu empresa.

- **Actividades.** Debes cumplir con actividades que te permitan generar dinero: invitar a las personas para conocer una oportunidad de negocio, tener una buena presentación, brindar un seguimiento adecuado, realizar un cierre correcto y ser duplicable. Esta última actividad se refiere a la capacidad de enseñar a las personas de tu equipo a comprometerse y mantenerse conectados con el sistema de la organización.

- **Disposición para cometer errores.** Debes cometer errores para acelerar tu proceso de aprendizaje y ganancia, porque en esta industria nunca pierdes: solo aprendes o ganas. El hecho de equivocarte genera nuevos aprendizajes, nuevas formas de invitar, nuevas maneras de dar seguimiento, etc. Además, recuerda que el multinivel es una academia en la que te pagan por aprender. ¿Qué otra universidad te paga por equivocarte? Con cada error que cometas te acercas más a esos "sí" en la venta de tu producto o servicio; no tengas miedo, permítele al mundo conocer a ese emprendedor que tienes dentro de ti.

- **Mejora continua.** Debes contar con un ciclo de mejora continua donde estés comprometido a que estos elementos se mantengan en circulación: conocer el sistema de tu compañía, desarrollar las actividades esenciales del multinivel y tener la disposición para cometer errores. Parte de la mejora continua es ser autocrítico y obtener retroalimentación, que puede ser positiva y negativa.

- **Retroalimentación positiva:** Nos hace ver nuestras mejoras y aquello que hacemos bien. Sin embargo, en este punto es importante no caer en el conformismo o en el ego, porque esto puede estancar nuestro trabajo y detener nuestro progreso.

- **Retroalimentación negativa:** Nos hace ver nuestros errores para mejorarlos. En una de mis primeras invitaciones, un conocido fue muy duro al rechazar mi presentación. Me hizo sentir triste y enojado a la vez. Entonces, esta experiencia negativa me ayudó a seguir adelante con mayor entusiasmo y ganas para mejorar mi presentación y no dejarme afectar por el rechazo.

Estos son los elementos que necesitas para garantizar tu éxito. ¿Crees poder cumplirlos? ¡Yo sé que sí!

LA DUPLICACIÓN COMO ESTRATEGIA PRINCIPAL

Hemos visto que solamente se requieren de cinco actividades (invitación, presentación, seguimiento, cierre y duplicación) para alcanzar el nivel más alto en cualquier compañía y generar más ingresos que muchas de las profesiones en las que te tomarían más de diez mil horas llegar a la cúspide de tu carrera profesional. Además, esto puedes lograrlo en siete años, tal como dice la fórmula 1, 3, 5, 7.

Sin embargo, esto no es fácil. Un error muy común en el multinivel es pensar que las actividades se cumplen por arte de magia y que, de un día a otro, te conviertes en un millonario; pero no es así. Debes aprenderlas y, para eso, requieres de mucha humildad, disposición y voluntad. Si tú tienes un corazón con espíritu emprendedor, estoy seguro de que el *network marketing* es el espacio adecuado para ti. Recuerda que solo tú dependes de tu propio éxito y, por lo mismo, puedes incluso alcanzarlo en menos tiempo del que indica la fórmula de siete años.

El tiempo en el que tú decidas alcanzar el éxito siempre dependerá de tu nivel de disposición para aprender y desarrollar las cinco actividades de esta industria, pero también existen estrategias que te pueden ayudar a acelerar este proceso. Mientras que las actividades consisten en aquello que tienes que hacer para generar el resultado que deseas, las estrategias se refieren a cómo puedes cumplirlas de la mejor manera para lograr tu objetivo.

La principal estrategia de esta industria es que el sistema que utilices debe contener el efecto de duplicación. No importa si eres una persona muy buena, inteligente, capaz, con muchos conocimientos en *marketing* y experiencia en saber cómo hablar en público; todo esto no garantiza que tú puedas ser duplicable. De hecho, cuando comencé en esta industria, un amigo me dijo:

—Rafa, tu problema es que eres muy bueno, pero tienes algunas cosas que intimidan.

—¿Cómo? ¿A qué te refieres? —le pregunté, con mucho ego.

—Que tú ya tienes experiencia en negocios y en el ambiente digital. Es natural que tengas éxito, pero nunca vas a llegar a tener el éxito necesario ¡si sigues siendo tan bueno!

Al principio no entendí del todo cómo "ser brillante" no podía ayudarme a tener un mayor éxito, pero después comprendí la importancia de ser duplicable, porque esta es la base para triunfar en multinivel. Sí, puedes ser inteligente o saber mucho del negocio, pero lo más importante siempre será tener la capacidad de ser duplicable en todo tipo de personas: un niño, una señora, un anciano, un inmigrante, una extranjera, etc.

TÚ DEBES CREAR ESTRATEGIAS PARA LLEGAR A LA GENTE Y QUE LAS PERSONAS, A SU VEZ, PUEDAN DUPLICARLAS CON FACILIDAD.

Cualquier ser humano, sin importar su sexo, origen, raza o demás, debe ser capaz de seguir tu sistema de trabajo. En el momento en que tú logres crear un sistema imitable, tendrás la oportunidad para acelerar tu éxito en el multinivel. En el capítulo 2 te explicaré a detalle en qué consiste la fórmula de la duplicación.

TU SISTEMA MULTINIVEL

El sistema de una compañía es la estrategia que debes seguir para mejorar en tus actividades y acelerar tu éxito. Como ahora sabes, la duplicación es esencial en este sistema, así que, si tu compañía no cuenta con un liderazgo que ya haya implementado este carácter en el sistema de la empresa, tú debes hacerlo. Incluso, hay ocasiones en que las compañías iniciales no tienen sistema, por lo que, en ese caso, tendrías que construirlo. Por el contrario, hay otras que, en el momento en el que ingresas, ya cuentan con un sistema depurado y perfeccionado a lo largo de los años. Ahora bien, dentro del multinivel existen las siguientes estrategias:

1. **Capacitación y formación.** Si no tienes un sistema de capacitación y formación tu negocio nunca crecerá, ya que no contará con un siguiente nivel de desarrollo en el que se pueda continuar progresando. Por eso, este es el punto medular del desarrollo del multinivel. Qué raro, ¿no? Se trata de una industria de venta directa pero la parte esencial se encuentra en la capacitación. Recuerda que a ti te pagan, sí, ¡por vender!, pero, sobre todo,

por construir equipos con distribuidores que sean altamente capaces, rentables y motivados bajo tu influencia.

2. **Presentación de negocio.** Debes estar cerca de una compañía que tenga un sistema de presentaciones en vivo diarias, ya sea presenciales o virtuales, pero que sean de mucha calidad, donde tengas a los mejores líderes, embajadores, promotores y *speakers* que te ayuden a presentar tu empresa de la manera clara y correcta. También, es importante que los ponentes se rolen para generar desarrollo en el sistema de presentaciones y que este sea un sistema de aprendizaje continuo.

3. **Eventos.** ¿Cuántos eventos hace tu compañía de manera trimestral, semestral y anual? Los eventos son esenciales porque consolidan un movimiento y, dentro de esta industria, nosotros contamos con negocios de todo tipo: salud, revolución financiera, *trading*, telefonía, cremas, etc. Somos un ejército honorario de emprendedores que no recibimos un sueldo porque encabezamos una causa. De esta forma, el hecho de tener eventos presenciales, trimestrales, semestrales y anuales donde todos podamos reunirnos es esencial para que el equipo de la organización se equilibre, genere muchísimo crecimiento y, en especial, que todos estemos motivados de manera continua para el desarrollo personal y colectivo.

4. *Marketing* e incentivos. ¿Cuáles son los métodos o el sistema que tiene tu compañía a nivel de *marketing*? ¿Tienen algunas estrategias de publicidad? ¿Tienen trabajo en redes sociales? ¿Tienes material para poder trabajar con esto o te toca construirlo? Es importante para ti, como emprendedor, empezar a ver un poco más allá y empezar a observar cómo salir de tu área geográfica, porque una vez que domines tu mercado es momento de llegar a nuevos espacios e ir expandiéndote. Por ejemplo, a partir del *marketing* digital he incrementado el poder, talento y capacidad de mi equipo de trabajo, porque el internet (junto con los tres elementos anteriores que acabo de compartirte) fue el que me permitió generar mi primer millón de dólares en menos de un año.

Luego de conocer estas estrategias, es tu turno para validar si tu negocio cuenta con un sistema de la más alta calidad para generar ingresos y tener crecimiento. Si tu compañía ya genera muchos rangos por sí sola, es decir, si cuenta con mucho crecimiento y dinero, confía y entrégate a su sistema; no te desconectes y ten la humildad de equivocarte las veces que sean necesarias, porque estamos en una carrera de pocos años, pero de mucha riqueza.

LA COMPAÑÍA CORRECTA

Antes de tomar la decisión de participar y exponer tu prestigio, marca personal y tiempo para operar en una compañía, tienes que analizar si esta cuenta con el valor necesario para que tú ingreses a su negocio. En otras palabras, ¿cómo saber si la empresa de multinivel en la que te encuentras o en la que planeas entrar es la adecuada? A continuación, te daré unos elementos y consejos que te ayudarán a elegir a una compañía ideal.

1. El producto o servicio que promueve una compañía. Esto te permitirá descubrir si podrás identificarte con el negocio. Para saberlo, necesitas contestar a las siguientes preguntas:

    a. ¿Te gusta el producto o servicio? ¿Sientes una congruencia entre tu persona y el producto o servicio de la compañía? ¿Te provoca una conexión emocional? De ningún modo podrás motivarte si el producto o servicio no te causa ninguna emoción.

    b. ¿Al mercado le gusta el producto o servicio? ¿Realmente hay una necesidad por parte del mercado para consumirlo? Debes evaluar si el producto o servicio es algo que tiene demanda y que puede venderse.

    c. ¿La necesidad del mercado es real? Muchas veces es más fácil vender productos de necesidad que la gente ya reconoce que necesita, a adquirir productos o servicios complejos o especializados. ¿Tu producto realmente tiene necesidad?

d. ¿El precio del producto o servicio es adecuado? Hay productos que son de muy buena calidad, pero suelen tener un precio elevado. Por eso, debes analizar si el precio del producto o servicio es competitivo en el mercado.

2. **La compañía multinivel.** Se trata del vehículo financiero que estarás utilizando para vivir tu carrera como emprendedor. Aquí debes tomar en cuenta los siguientes elementos:

   a. **Gestión corporativa estructurada.** La compañía debe tener información muy clara respecto a su organigrama, la formación curricular de sus integrantes, fórmulas avaladas de sus productos o servicios, contar con un respaldo científico y legal, registros sanitarios, etc.

   b. **CEO**. El líder de la empresa debe tener una estructura seria, experiencia en el desarrollo de negocios dentro de la industria multinivel, capital financiero y visión del negocio a corto, mediano y largo plazo.

3. **Plan de compensación.** Hay compañías que cuentan con planes de compensación y otras que no. De la misma forma, hay unas que pagan bien y otras que pagan muy mal. Más allá del modelo

de compensación que tenga una empresa, debes considerar lo siguiente:

d. El pago rápido. Debes analizar si en la empresa es rápido generar tus primeras ganancias después de ingresar. Esto es importante porque, si llegas como una persona que entra al negocio por desesperación financiera, necesitas un vehículo ágil que te dé los pagos que requieres.

e. Medio tiempo. Si trabajas de medio tiempo, ¿obtendrás un ingreso que merezca la pena como emprendedor? ¿Te generará una cantidad de dinero interesante que compense tu esfuerzo de medio tiempo?

f. Tiempo completo. Si trabajas de tiempo completo, ¿obtendrás una gran cantidad de dinero de acuerdo con tu esfuerzo? ¿Tendrás oportunidad de generar lo mismo o más que en un trabajo corporativo o de oficina?

g. Evidencia. ¿Existe evidencia de que el plan de compensación siempre pague cada vez más y que, al mismo tiempo, los distribuidores cada vez más obtengan mejores resultados? En algunas empresas es común encontrar cada año a los mismos cuatro líderes de siempre, por lo que se necesita validar una evidencia de éxito que demuestre que todas las personas pueden convertirse en líderes.

4. Nivel de soporte.

a. **Sitio web.** Debe estar bien estructurado y ser fácil de utilizar para generar conversiones y compras del producto o servicio de la compañía.

b. **Reportes automáticos.** Debe contar con reportes que midan tus comisiones, el ingreso de personas, las ventas generadas por cada distribuidor, el sistema de capacitación, eventos, etc.

c. **Servicio al cliente.** Debe tener un sistema de servicio al cliente eficaz. Por ejemplo, que si las personas quieren devolver su producto o servicio no te reclamen a ti, sino que exista un equipo de soporte que los atienda de manera adecuada. Tú solo debes dedicarte a las ventas.

Si todos estos criterios son correctos en tu empresa de multinivel o en la compañía a la que deseas ingresar, ¡felicidades! Pero, si no, entonces no tienes que dedicarle más tiempo a *un caballo que no es caballo, sino mula*, ya que te va a ser muy difícil trabajar con él. Hoy en día existen cientos de oportunidades en la industria que merecen tu tiempo en lugar que este tipo de compañías. Además, debes tomar en cuenta que la empresa a la que pertenezcas debe motivarte. De otra manera, ¿cómo vas a luchar por tu sueño si no cuentas con la motivación de defender a tu empresa?

LA VENTA

Quiero enseñarte el método exacto que me permitió, junto a muchas de las personas que trabajan conmigo, generar cientos de inscritos en menos de una semana, es decir, nuevos socios, no prospectos que llegan a un hotel o asisten a una videollamada de invitación. En primer lugar, no basta con ser un emprendedor convencional que solo cumple con sus ventas. Al contrario, debes convertirte en un verdadero estratega para generar impacto.

A continuación, te comparto las herramientas que debes dominar para ingresar a cientos de personas en solo unos días:

a. **Redes sociales.** Tienes que empezar a trabajar de manera intensa con Facebook ads, espacio ideal para montar anuncios y se enlaza también con Instagram.

Te recomiendo revisar en dónde se encuentra tu nicho, lo más sencillo es iniciar con Facebook y hacer una transición hacia otras plataformas como Tiktok o LinkedIn, en caso de que notes que tu público se encuentra en ellas.

b. **Atracción y ofertas.** Tienes que diseñar una oferta que sea realmente atractiva, pero sin invitar a la gente al "multinivel". Me parece que todas las personas que somos mayores de edad y tenemos algún espíritu emprendedor hemos sido invitados a un multinivel y, honestamente, es algo odioso:

¡Ay! ¿Ahora a dónde me van a invitar?, ¿qué me van a vender?, ¿qué me van a hacer comprar? Por eso, tienes que hacer una oferta que realmente sea un gancho que estimule a las personas y que, de alguna manera, posicione a tu negocio sin venderlo de forma inmediata; primero debes generar confianza.

c. **Educación para tus prospectos.** La gente tiene que entender que debe educarse, pero tú tienes que ganar la confianza de tu prospecto antes de hacerle siquiera una invitación, porque debes inducirlos poco a poco a tu negocio. Si no le caes bien a la gente, si no te conoce y no cree en tu oferta de ayuda para transformar su vida y mejorarla, nunca va a funcionar tu atracción de negocio.

d. **Oferta de valor.** Debes contar con la promesa de que tu oferta les aportará mucho contenido y calidad.

Una vez que has identificado estas herramientas por dominar, te invito a que seas parte de este movimiento y que vayamos estudiando cada uno de estos elementos a lo largo del libro. En el capítulo 3 te daré procesos que te permitirán mantener el flujo de atracción de personas.

MARKETING EN MULTINIVEL

El *marketing* es una estrategia fundamental para tu negocio de multinivel. Déjame preguntarte, ¿para quién crees que son las estrategias de duplicación y las estrategias implementadas para generar resultados a través de internet? Para tu negocio multinivel. Recuerda, todas estas herramientas sirven para perfeccionar el sistema de tu empresa, que es el que te permite tener éxito y crecimiento.

A continuación, te daré algunos consejos generales sobre el *marketing*:

1. Si tú apenas estás comenzando en el multinivel, te sugiero que todavía no hagas *marketing* digital; es decir, no te metas al tema de Facebook ads, Google ads o TikTok, porque vas a dañarte como emprendedor si utilizas estos instrumentos sin tener el conocimiento necesario acerca de este negocio. Si tomas este atajo, ten por seguro que vas a perder dinero y vas a invertir donde no debes. Además, el *marketing* digital es una herramienta tan potente que solo puedes realizarlo cuando ya cuentes con un equipo de líderes carismáticos y estratégicos que sean capaces de llevar la estrategia de redes sociales contigo.

2. Tienes que definir un capital, ¿cuánto es lo mínimo que valdría la pena invertirle al *marketing*? Yo considero que cada campaña debe contar con un presupuesto de entre mil y tres mil dólares. Por supuesto, este dinero no solo es dado por ti, sino también por tu equipo.

3. Debes diseñar una buena propuesta, si no lo haces, ¿cómo atraes a la gente? Tienes que definir qué les vas a dar a los prospectos: un entrenamiento, un *lead magnet*, un *webinar*, etc.

4. Aclarar una promesa para los invitados. ¿Qué vas a hacer y a lograr durante ese entrenamiento? ¿Qué contenido les vas a aportar durante ese *webinar*, e-book o conferencia? Esta promesa tiene que ir de la mano con tu producto o servicio.

EMBUDOS DE CONVERSIÓN

Por último, en el multinivel existe algo que se llama el embudo de conversión, que debe ser utilizado únicamente cuando tú ya cuentes con un equipo de cinco o diez personas que sean lo suficientemente capaces de ayudarte, asesorarte y cumplir estrategias, porque, si no, vas a perder a muchos prospectos por no poderles brindar la mejor atención y tu campaña será un fracaso; te repito: ¡no hagas multinivel si apenas inicias en la industria, aprende primero el sistema de tu compañía para poderlo hacer! Por tu parte, a ti te corresponde trabajar en tu desarrollo personal, habilidades de comunicación, conexión, seguimiento con otras personas, presentaciones, etc.

Aquí te presento una imagen del embudo de conversión que, en términos digitales, también se conoce como *costumer journey:*

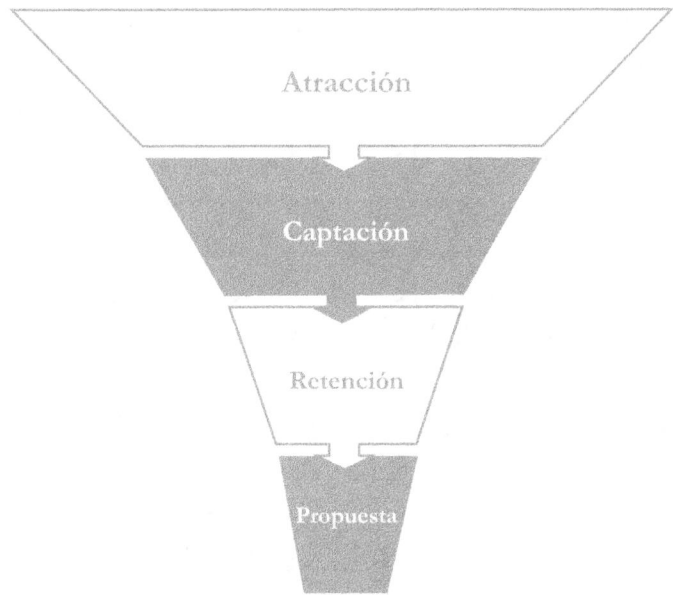

Imagen 1. El embudo de conversión.

La primera etapa es la de **atracción**, que es donde entra el instrumento que te va a permitir captar la atención de las personas: Facebook ads. Uno de los primeros errores que veo que cometen los emprendedores es que le dicen directamente a la gente: *¡Oye, yo anuncio la empresa X y entonces mi página se llama X fanpage!* Este es uno de los peores errores que puedes cometer, porque las personas necesitan pasar por un filtro. Si les manifiestas el nombre de tu empresa y tu interés por venderles un producto o servicio, ten por seguro que ahuyentarás a tus prospectos.

Por ejemplo, si tú eres una persona de una compañía que vende aceites esenciales, tienes que captar la atención de la gente a través de una oferta infalible en la que no vendas aceites esenciales, sino que los invites de una manera sugestiva e inteligente: *¿Cómo es que mejorarás tu calidad de vida o dejar atrás las medicinas al utilizar aceites esenciales?* Si, por ejemplo, te dedicas a vender un producto de pérdida de peso: *¿Cómo es que podrás perder de tres a cinco tallas a través de todo lo que estás haciendo con estos productos para ayudarte a mejorar tu salud y tu calidad de vida?* Necesitas generar un gancho para captar la atención de las personas y que, a la vez, tengan confianza en ti. También, dentro de la atracción, puedes valerte de la regla 3, 2, 1: hay que publicar 3 veces contenidos sociales, 2 veces contenidos informativos y 1 vez una invitación. Esto hará que vayas involucrando a la persona en el embudo de conversión.

El segundo filtro del embudo es la **captación**. Esto se refiere a que las personas que no te conocen se registren a ese entrenamiento, *webinar* o *master class*, sea virtual o presencial. Para este punto puedes utilizar WhatsApp, Messenger de Facebook o crear una *landing page*, ya que es importante que estés en comunicación con tus invitados.

Luego, la tercera etapa consiste en la **retención**, que se consigue a través de la experiencia que tú le das a la gente para que acepten tu producto o servicio. ¿Qué les vas a dar? ¿Cómo va a ser la experiencia? ¿Cuántos días va a durar? ¿Qué horarios va a tener? ¿Qué contenidos les vas a aportar? ¿Quién va a impartir esas lecciones?

Por último, el embudo de conversión culmina con la **propuesta** que haces a los prospectos después de haberles dado tu contenido de valor. Aquí les agradeces por su participación en tu evento y los invitas a saber más acerca del producto o servicio para crear una ronda de inversión o emprendimiento.

Una vez que el embudo de conversión se ha transformado en ingresos y el incremento de tu red de negocio después de haber llevado a los prospectos por una ruta de preparación que los hizo llegar a la presentación de tu producto o servicio, debes calificar continuamente a las personas para saber si pueden formar parte de la industria como parte de tu equipo.

CONCLUSIÓN DEL *KICKSTART* MULTINIVEL

Mi querido emprendedor, mi querida emprendedora, espero que este *kickstart* multinivel te haya aportado mucho valor y conocimiento general acerca de esta industria de los sueños. En este primer capítulo hemos aprendido las formas en que puedes ingresar a una empresa multinivel; te he enseñado la fórmula 1, 3, 5, 7 para tener éxito en un plazo de siete años; vimos que la riqueza se genera en este negocio por medio de ventas, construcción de grupos y la mejora productiva de los equipos; aprendimos que el multinivel es una academia con muchos aprendizajes, comprendimos la importancia que tienen las estrategias y el sistema de una compañía; analizamos los requisitos que necesitan las empresas de *network marketing* para que tú puedas ingresar a ellas y repasamos el procedimiento adecuado para realizar una venta y aplicar *marketing* a través del embudo de conversión del multinivel.

Ahora que hemos visto estos aspectos generales de la industria, es momento de dar paso a las 5 fórmulas detalladas que te darán el éxito en menos de un año: duplicación, atracción, carrera e incentivos, arranque explosivo y automatización.

Abre tu mente hacia todas las oportunidades que tiene el multinivel, porque una vez que domines estas etapas contarás con un equipo consolidado e ingresos de un millón de dólares que te harán reconocer y experimentar en carne propia que el multinivel es la mejor industria del mundo para el emprendedor que va iniciando, aquel que no tiene mucho capital y que, aun así, puede alcanzar y superar el resultado, rendimiento e ingresos que cualquier otra persona fuera de esta industria puede obtener en un periodo mucho más corto de tiempo.

¡Felicidades! ¡Estás a punto de cambiar tu vida!

CAPÍTULO 2

FÓRMULA DE DUPLICACIÓN

Todos tenemos un ciclo de vida del emprendedor que comienza en un punto "A" para llegar a un punto "B". En el multinivel, este viaje se cumple al llegar por inspiración o desesperación, como te expliqué en el *kickstart*. En cualquiera de los dos casos, el camino de un emprendedor siempre conlleva momentos complicados que lo harán tener bloqueos mentales, familiares o sociales que le impidan decidir con determinación y alcanzar el éxito en la industria. De pronto, dentro del multinivel hay personas que me dicen: *Rafa, mi familia no me apoya, la sociedad me dice que esto es falso y hay personas que me juzgan y me dicen que le lavo el cerebro a la gente para estafarlos.* Este tipo de circunstancias son típicas en una industria que, lamentablemente, sufre de "mala fama" debido a la desinformación. Sin embargo, nada podrá detenerte cuando tengas un objetivo claro de lo que quieres lograr.

Bob Proctor, uno de los más grandes mentores que he tenido, siempre me habla de lo importante que es establecer un objetivo claro, que sea cuantificable y que pueda sentirlo. En este sentido, él me pregunta cosas como *¿hoy quieres dinero?, ¿cuánto dinero quieres?; ¿quieres tiempo libre?, ¿para qué quieres ese tiempo libre?; ¿quieres reconocimiento?, ¿por qué necesitas reconocimiento?* Con esta serie de cuestionamientos, es más sencillo afrontar todos los bloqueos que puedan detenernos y adaptar nuestra mente para alcanzar el objetivo que tengamos.

TU PROPÓSITO EXPLICA LO QUE ESTÁS HACIENDO CON TU VIDA. TU VISIÓN EXPLICA CÓMO ESTÁ VIVIENDO SU PROPÓSITO. TUS OBJETIVOS TE PERMITEN REALIZAR TU VISIÓN.

BOB PROCTOR

De esta forma, nuestro objetivo en el multinivel puede ser ganar dinero, tener reconocimiento o generar impacto, pero, para lograr los resultados que quieres, necesitas estar comprometido con tu negocio y luchar por tus sueños. ¿En cuánto tiempo? En el *kickstart* te expliqué que la fórmula convencional marca siete años de trabajo para alcanzar un crecimiento importante. No obstante, si tu nivel de compromiso es alto, podrás lograr ese éxito en menos de un año al aplicar las cinco fórmulas que he preparado para ti.

En este capítulo te explicaré la fórmula de la duplicación, que quiero presentarte a partir de mi historia. Cuando ingresé a esta industria, cometí el error de creer que era una persona muy brillante a la que no se le dificultaría ganar dinero. Bajo esta idea, me decía: *Con toda mi experiencia, rápidamente voy a explotar el plan de compensación y voy a llegar al nivel Diamante o al rango más alto de cualquier compañía en tiempo récord.* Sin embargo, llegó un punto en el que me di cuenta de que no importaba lo bueno que fuera en ventas o llenando mis presentaciones con grandes audiencias de prospectos, porque ninguna de mis estrategias o experiencias funcionaban para hacerme crecer debido a que no eran duplicables.

En pocas palabras, la duplicación significa que una cantidad de personas (la más grande posible) realice actividades fáciles en el menor tiempo posible; es decir, debía lograr que otras personas pudieran hacer lo mismo que yo hacía como emprendedor en pasos claros y sencillos para poder crecer y tener éxito en el negocio. Es así de fácil: el único medio para tener impacto en el multinivel es cumpliendo con la fórmula de la duplicación.

Por lo tanto, tuve que aprender a adaptar mis estrategias y modelos para que otras personas pudieran replicarlas con éxito. ¿Te das cuenta? Aunque tu éxito en la industria depende únicamente de ti, jamás podrás crecer en resultados si solo trabajas para ti mismo. En lugar de enfocarte en ser solamente un excelente vendedor o estratega, debes dirigir tu esfuerzo en duplicar tus métodos en un equipo de trabajo que te haga crecer. Si no armas un ejército de soldados capacitados que te defiendan en tu batalla colectiva por alcanzar el rango más alto de tu empresa, fallarás en todos tus intentos.

Para cumplir con la fórmula de la duplicación, tienes que seguir cuatro actividades fundamentales: la invitación, la presentación, el seguimiento y el cierre. En este capítulo te explicaré en qué consiste cada una de estas etapas y qué tienes que hacer una vez que hayas construido un modelo que te permita tener éxito en la aplicación de estas etapas.

Antes de entrar de lleno a estas actividades, quiero compartirte unas anotaciones más acerca de esta industria, así como algunas habilidades que te permitirán duplicarte en un equipo de trabajo, ya que, para cumplir con cualquiera de las cinco fórmulas que te mostraré en este libro, necesitas entender tu posición como emprendedor dentro de la industria, conocer la proporción adecuada entre actividades productivas y actividades relevantes, comprender las expectativas reales para trabajar por tu éxito, tus objetivos como emprendedor independiente, usar *soft skills*, elaborar un guión de tu historia, gestionar tu tiempo por agenda, saber los rangos de tu empresa, conocer el pacto de treinta días e implementar el modelo *roadmap* para duplicarte de manera eficaz.

¡Mucho ánimo, querido emprendedor!

EL MULTINIVEL, TU EMPRESA Y TÚ

Desde mi experiencia, hay tres cosas en la vida que son importantísimas: la integridad, la intensidad y la inteligencia. Estos elementos personales fueron cruciales en mi transformación, porque me llevaron a entender el porqué estaba en esta industria y ser consciente de que formaba parte de una estructura de negocio en tres niveles: la industria multinivel, mi empresa y yo como individuo e integrante de un equipo.

En cuanto a ti, como una persona que pertenece al multinivel, me gustaría que reflexionaras en las siguientes preguntas acerca de la industria:

1. ¿Por qué la industria multinivel es la más eficaz y es la que elegiste para emprender?

2. ¿Por qué no te fuiste a hacer otra actividad?

3. ¿Por qué no te fuiste por un negocio de comida?

4. ¿Por qué no entraste a la industria restaurantera?

5. ¿Por qué no entraste a la industria del comercio electrónico?

6. ¿Por qué no entraste a vender infoproductos?

7. ¿Por qué no te pusiste a invertir en una tienda de ropa?

8. ¿Por qué no te pusiste a vender seguros?

9. ¿Por qué no ejerces tu carrera?

10. ¿Por qué la industria del multinivel?

Si no has tenido claridad para responderlas, podrá ser difícil para ti compartir esta información con otras personas y atraparlas en tu red. Por mi parte, sabía que esta industria me permitiría generar dinero a través del apalancamiento, que es la característica que permite construir un negocio a partir de una economía colaborativa de una infraestructura ya elaborada (la de la empresa), así que esto es lo que me hace responder, por ejemplo, el porqué esta es la industria más eficaz. Otros aspectos que me gustaron desde el primer momento, fueron los costos muy bajos de inversión y el tema del impacto que puedes generar en las demás personas. Por último, un negocio multinivel me dio la libertad de operar desde el lugar que quisiera, con quienes quisiera y cuando quisiera. ¡Magnífico!

Así que te repito la primera pregunta: ¿Por qué la industria multinivel es la más eficaz y es la que elegiste para emprender? ¿Cuáles son las cinco razones por las que la industria multinivel es la mejor?

El segundo nivel es tu empresa, ¿cuál es la razón por la que consideraste que tu empresa fue la mejor opción?

Más allá de que hayas entrado por la invitación o influencia de un conocido, hoy en día existen miles de opciones para poder participar en una empresa de *network marketing* alrededor del mundo, así que ¿cuáles son las razones o qué es lo que te motivó para poder participar en tu empresa multinivel? y ¿qué es lo que te gusta? Por ejemplo, en mi opinión, el producto de mi empresa multinivel es uno con el que tengo una identificación perfecta, porque yo lo utilizaría. Además, me encanta la legalidad de mi compañía y sentir que tengo un corporativo que me cuida, me apoya y me brinda atención, así como tener un plan de compensación que me permite generar mucho dinero. Por último, me fascina que es una compañía global, es decir, que me permite tener un negocio que opere sin importar si la economía de mi país no funciona y que, encima, cuenta con una causa social en apoyo de las personas necesitadas.

Así que te pregunto: ¿Qué es lo que te encanta de tu compañía? ¿Cuáles son esas cinco razones por las que tu compañía multinivel es la adecuada?

En el tercer nivel, que eres tú como emprendedor, tienes que preguntarte: ¿Por qué tú eres la persona adecuada para poder guiar a otros seres humanos en este negocio?, ¿por qué la gente debe de adoptarte como *upline*? y ¿qué aporte de ideas le das a las personas? En mi caso, estoy seguro de que la gente que llega conmigo lo hace porque sabe que soy profesional, comprometido, inteligente, íntegro e intenso (cuando me propongo algo, ¡haré todo hasta conseguirlo!).

Estas son las cualidades o valores que debes tener en claro para triunfar en la industria del multinivel. Te invito a que tú pienses y escribas cuáles son las cinco razones por las que el *network marketing* es la industria más eficaz para emprender, los cinco motivos por los que consideras que tu compañía es la más adecuada y cinco razones por las que tú eres el emprendedor ideal para tu negocio. Puedes compartir este ejercicio con tu equipo, ya que les será de mucha ayuda para desentrañar las motivaciones que existen alrededor de esta industria de los sueños.

ACTIVIDADES PRODUCTIVAS Y ACTIVIDADES RELEVANTES

En el *kickstart* te mostré que es importante que sepas que algunas veces el éxito o fracaso tienen mucho que ver con el producto, el plan de compensación y la compañía que tú estás promoviendo, por lo que siempre debes tener muy claro si tu empresa es apta para tus metas. Debes contar con una compañía que te impulse, te ayude y sea un buen vehículo de apalancamiento; pero si, por el contrario, tienes años dentro de la misma empresa y no tienes crecimiento a pesar de haber trabajado duro y haber dado lo mejor de ti, te recomiendo que te cambies a una compañía con resultados.

Sin embargo, también puede que tu falta de resultados no solo se deba a tu empresa, sino a tu falta de enfoque y dedicación. Desafortunadamente, la mayor parte de la gente que pertenece a esta industria se la vive entreteniéndose en los eventos, viajes o entrenamientos de sus compañías, pero no se ocupan en generar dinero. Por más que conozcas a la perfección el plan de compensación de tu empresa, que vayas a reuniones especiales, que leas a John Maxwell o libros clásicos como *Los secretos de la mente millonaria* de T. Harv Eker o *Piense y hágase rico* de Napoleón Hill, no podrás generar dinero si no pones en práctica los únicos tres medios que existen para tener resultados en la industria: vender, formar equipos y hacerlos crecer. En cambio, debes trabajar de manera inteligente y enfocada.

Ahora bien, esto no quiere decir que debas hacer a un lado la realización de las actividades que tal vez no te aporten dinero, pero sí desarrollo personal. Más bien, tu negocio dentro del multinivel puede separarse en dos tipos de actividades: las productivas (las que te dan dinero) y las relevantes (no te dan dinero). Para tener crecimiento, debes dedicarle un 80 % de tu trabajo a las actividades productivas y un 20 % a las actividades relevantes. A continuación, te comparto una tabla con algunos ejemplos de estas actividades:

Actividades productivas	Actividades relevantes
Prospectar clientes y socios potenciales.	Estar en capacitación constante.
Realizar ventas de tu producto o servicio.	Tener el hábito de la lectura de libros de emprendimiento.
Hacer presentaciones de negocios.	Estar informado de todas las novedades de tu compañía.
Apoyar a tu equipo de trabajo.	Atender tu crecimiento personal.
Dar seguimiento a tus prospectos.	Asistir a eventos del negocio.
Motivar el desarrollo de tu equipo de trabajo.	Conocer la historia y desarrollo de tu empresa.

Tabla 1. Actividades productivas y actividades relevantes.

Ahora que conoces esta división, quizá puedas ser consciente de que, si no tienes los resultados que estás buscando cuando en tu empresa hay otras personas que sí has visto crecer, te estás entreteniendo demasiado con actividades relevantes en lugar de preocuparte más por las actividades productivas; así que te invito a que hagas una retroalimentación de tus resultados a partir del tipo de actividades que has hecho dentro de tu negocio multinivel.

EXPECTATIVAS REALES

Una vez que eres consciente de que debes cambiar de empresa o realizar actividades productivas que te generen dinero, también debes tener expectativas reales que te acompañen en tu camino como emprendedor profesional para tener éxito e impacto. Estas expectativas son las siguientes:

1. **Tiempo**: Ninguna actividad en la vida puede funcionar o tener resultado si tú no le dedicas tiempo. Hay una frase que utilizo mucho con mi equipo de trabajo: *Dime para qué no tienes tiempo y te diré qué no es importante para ti.* Por ejemplo, si tú dices estar motivado en cumplir con el negocio, pero no le dedicas tiempo, esto solo demuestra que no te interesa realmente.

2. **Trabajo**: Debes esforzarte por obtener éxito. Muchas veces se propaga la falsa creencia de que en esta industria te haces rico "de la noche a la mañana", pero no es así. Como en cualquier empresa, existe un proceso de trabajo en el que, antes de ser bien pagado, serás mal pagado hasta que logres desarrollar tus habilidades para obtener crecimiento. No basta con realizar una inversión mínima, sino que se necesita de tu trabajo para alcanzar tus objetivos.

3. **Crecimiento personal**: Si tú no creces en el ámbito personal, no aprendes sobre liderazgo, no sabes cómo escuchar a las personas que te rodean y no tienes desarrollo humano, nunca vas a tener éxito. En la industria multinivel seguimos una ley de John Maxwell que es conocida como la "ley de tope": "la capacidad de liderazgo es el tope que determina el nivel de eficacia de una persona" (Maxwell, 2009). Esto quiere decir que una organización puede ser tan grande como sea su líder. De esta forma, si tú eres un líder mediocre, tu equipo también será

mediocre. Para desarrollar tu crecimiento personal debes poner en práctica (en un 20 % de tu tiempo) las actividades relevantes que vimos en el anterior subtema.

4. **Actividades**: Para generar riqueza debes cumplir con las cinco actividades de esta industria: invitación, presentación, seguimiento, cierre y duplicación. Además, debes contar con trabajo en equipo y poner estos pasos en práctica. Recuerda que la industria es una academia en la que estás en constante aprendizaje.

5. **Enfoque**: Tienes que ser consciente de que, antes de llegar al resultado que deseas, debes pasar por un proceso de cumplimiento de misiones para llegar a él. Por ejemplo, en esta industria no puedes convertirte en Diamante de un día a otro, pero en ese largo proceso que tienes para llegar a este nivel puedes ir alcanzando rangos más pequeños. Antes que pensar en alcanzar el máximo nivel de tu empresa debes ocuparte en tu rendimiento diario y mensual, hacer estrategias y plantear objetivos para tus próximos treinta, sesenta o noventa días. Si te enfocas primero en trabajar por tus resultados a corto plazo, verás que la magia comenzará a ocurrir.

6. **Fortaleza mental**: Solo podrás afrontar las situaciones que salgan de tu control cuando cuentes con fortaleza mental. En tu camino como emprendedor te toparás con gente que no crea o confíe en ti,

con clientes que reclamen porque no han recibido su pedido o problemas personales, así que debes estar preparado para sobreponerte a estas cuestiones y seguir en tu camino como emprendedor.

De manera irrefutable, tomar en cuenta estas expectativas harán de ti un profesional que pueda trabajar en serio y generar el dinero que desees una vez que te enfoques y te determines a alcanzar el éxito.

INDEPENDENCIA Y OBJETIVOS ESENCIALES

El primer objetivo que debes tener al momento de entrar a esta industria es ser independiente. De esta manera, debes independizarte de tu *upline*. No se trata de ver siempre hacia arriba, admirando los logros de nuestros superiores en rangos, sino de mirar hacia abajo, porque tu éxito depende de ti. Está bien aprender de tu *upline* para realizar cierres, mejorar estrategias u organizar eventos, pero no puedes permanecer como un aprendiz perpetuo. En el momento en que logras desarrollar los aprendizajes de tu *upline*, cuando eres capaz de realizar una presentación o un cierre por ti solo, estás listo para hacer tu propio camino, porque tu *upline* no siempre estará para ti. Tan solo piensa, ¿qué tipo de *downline* te gustaría capacitar a ti? Sin duda, te gustaría reclutar a personas proactivas que no estén siempre dependiendo de ti, sino que quieran aprender del negocio para trabajar por sí solos, sin tener que recurrir a ti a cada momento.

En este punto no hay lugar para pretextos como "tener miedo de hablar a desconocidos" o "no saber las fórmulas del producto", porque no puedes quedarte encerrado en un nivel del eterno aprendizaje donde tu *upline* siempre termine haciendo las cosas por ti; así no funciona. En cambio, debes hablar para aprender a controlar tu miedo y conocer la información básica del producto o servicio que estés vendiendo.

El segundo objetivo es conocer el plan de compensación. De hecho, no tienes que aprenderte tal cual todo el esquema porcentual, ya que, finalmente, el plan de compensación se aprende ganando. Además, explicar este plan de manera sencilla también nos ayuda a captar mejor la atención de las personas y, por consiguiente, a cumplir con la fórmula de la duplicación, pero te explicaré esto más adelante.

Tu tercer objetivo es tener con claridad las herramientas que puedes utilizar para generar estrategias de *marketing*. Debes practicarlas, informarte de las reglas de tu empresa, elaborar un guión para presentar tu servicio o producto, investigar qué elementos pueden convenirte para atraer al público, usar tus redes sociales de manera correcta, etc.

El cuarto objetivo son los ciclos de negocios o, más bien, tu misión personal en la industria, ya que tú debes perseguir un rango específico en un periodo determinado de circulación. Por ejemplo, si estamos en el mes de enero, puedes crear la misión de llegar al rango Diamante para el mes de febrero. El punto es entender con claridad los ciclos y el tiempo que tienes para poder alcanzar tus misiones como emprendedor.

Finalmente, el quinto objetivo es formar un equipo de personas que cumplan con los cuatro objetivos previos: ser independientes, conocer el plan de compensación, tener herramientas de *marketing* y tener misiones personales. Este es el objetivo más importante que puedes alcanzar, porque de aquí parte la duplicación y tu éxito garantizado en la industria multinivel.

Ahora que conoces estos objetivos, te invito a que reflexiones si tú, querida emprendedora, querido emprendedor, has cumplido con cada uno de ellos. Te recomiendo que escribas ahora mismo el porqué consideras o no ser independiente de tu *upline*, que desarrolles lo que sabes del plan de compensación de tu empresa, que escribas la información básica para hacer *marketing* de tu producto o servicio promovido y que anotes tu estatus y las habilidades que te faltan desarrollar como líder de un equipo.

LAS HABILIDADES INTERPERSONALES (*SOFTSKILLS*)

La mayoría de los seres humanos tenemos una preparación formal a lo largo de nuestras vidas, es decir, desde pequeños se nos ha instruido a partir de las ciencias y las materias teóricas para aplicar nuestros conocimientos en un empleo. Sin embargo, cuando crecemos optamos por estudiar una carrera para diferenciarnos y especializarnos en un área específica, pero cuando egresamos nos enfrentamos a miles de personas más con nuestras mismas habilidades que están en busca del empleo que deseamos. En este momento pensamos en el posgrado y, al terminar de realizarlo, nos damos cuenta de que aún siguen existiendo miles de personas que cuentan con nuestra misma preparación lineal. ¿Y qué es lo que pasa? Que toda nuestra vida nos han mostrado el mismo tipo de formación, en lugar de mostrarnos el otro componente para crecer de manera interpersonal.

En todo negocio existen dos tipos de actividades: las duras o *hardskills* y las blandas o *softskills*. Las primeras corresponden a los conocimientos, a la educación lineal que hemos tenido a lo largo de nuestra vida. Por su parte, las *softskills* se refieren a las habilidades interpersonales que te permiten conectar con las personas.

Por ejemplo, dentro del multinivel, una persona con *hardskills* es aquella que conoce el plan de compensación, las fórmulas del producto, la historia de la empresa o los horarios de los eventos en su totalidad. Sin embargo, una persona no genera dinero por sus *hardskills*, porque un líder obtiene ganancias por tener impacto y este solo puede obtenerse cuando aplicas las *softskills* que te permiten comunicarte con la gente. A continuación, te presento las habilidades que forman parte de estas actividades blandas:

- **Comunicación y *storytelling*.** Esta habilidad es la que te permite contar historias para poder comunicarte.
- **Escucha activa.** Necesitas contar con la capacidad de escuchar a tu equipo y a las personas que te rodean; en este negocio nos pagan dos veces por escuchar y no por hablar.
- **Ser comprometido.** Esta habilidad es importante porque te da el ánimo para no detenerte hasta alcanzar tus objetivos.
- **Paciencia.** A través de esta habilidad tienes el poder de medir tu efectividad y reflexionar las estrategias que te permitan cumplir con tu trabajo adecuadamente.
- **Planeación y organización.** Necesitas de esta habilidad para la realización de eventos y la manera en que trabajarás con tu agenda y con tu equipo.
- **Resiliencia.** Esta habilidad te permite afrontar las dificultades de tu negocio para salir adelante con tu equipo.
- **Trabajo en equipo.** Debes aprender a comunicarte con tu equipo para poder crecer en conjunto y alcanzar sus misiones.
- **Pensamiento estratégico.** Con esta habilidad eres capaz de diseñar las estrategias que te permitan alcanzar los resultados que quieres.

Para cumplir con la fórmula de la duplicación, necesitas aplicar las actividades blandas o *softskills* en tu negocio, ya que estas son las que te abrirán las puertas para formar un equipo de trabajo con el que puedas comunicarte, desarrollar actividades, planear estrategias, fomentar el crecimiento personal o generar mucho más dinero del que nunca te habías imaginado. Esta industria es para la gente que tenemos otros sueños fuera de la formación lineal que se nos ha impuesto como sociedad.

LA IMPORTANCIA DE TU HISTORIA

Nuestra historia personal es el elemento distintivo de cada uno de nosotros como seres humanos. De hecho, cuando formas parte de una industria multinivel, tú eres parte de un ejército de personas que salen con la misma información y producto o servicio para venderlo al mismo mercado, sí, pero con diferentes historias. En este negocio y en cualquier otra industria que tenga que ver con la comercialización, el emprendedor que más vende y más dinero gana siempre es la persona que cuenta las mejores historias.

Una historia es algo irrefutable, porque no es una fórmula química de un producto que alguien pueda cuestionar, sino que es algo que te pasó y que las personas no pueden desmentir. También, permite el *rapport*, que es la capacidad de construir empatía con la gente, tener puntos en común y generar atracción. Además, una historia hace que puedas crear un vínculo con las personas al mostrarte vulnerable, para que piensen: *No solo está buscando venderme o afiliarme, es una persona como yo, que tiene problemas y sueños, así que puedo confiar en él o ella.* Por esto, el uso de tu historia es importante y se conforma por los siguientes cuatro elementos:

1. **Tu pasado.** Todos tenemos un pasado, por lo que este elemento responde a las preguntas: ¿Cuál es mi historia? ¿De dónde vengo? ¿Dónde nací? Cuando hables de tu pasado puedes comenzar por tu origen, tu tipo de familia, el trabajo de tus padres y tu situación económica, para luego contar cómo y por qué deseaste tener una vida distinta.

2. **Lo que no te gusta de tu pasado.** En segundo lugar, debes señalar qué es lo que quieres cambiar respecto a tu pasado, aquello que no te gusta. En lo personal, a mí no me gustaba saber que, por más que estudiara o trabajara, no podría generar suficiente dinero, porque deseaba comprar una casa y, ante mis resultados económicos, me di cuenta de que solo podría alcanzarlo en muchos años de esfuerzo. Lo que no me gustaba de mi pasado era que no contaba con libertad financiera.

3. **Encontrar una solución.** Una vez que has contado lo que no te gusta de tu pasado, es momento de exponer tu solución: el multinivel. ¿Quién apareció en tu vida? ¿Quién te acercó a esta industria? En mi caso, un profesor de la universidad me invitó a mi primera presentación de multinivel, ya que

él tampoco se sentía libre y buscaba algo más. De esta forma, gracias a él encontré la solución para trabajar por mi libertad financiera.

4. **El futuro**. Ahora que te encuentras trabajando para cambiar aquello que no te gusta de tu pasado, ¿cómo te ves en el futuro? ¿Feliz, libre, con amistades sinceras, una casa y viajes por el mundo?

Si aún no cuentas con el guión de tu historia, hoy mismo empieza a realizarlo y practica, comparte tu historia por lo menos diez veces en esta semana. Aunque seas una persona que se considere mala para hablar y expresarse, la práctica te hará convertirte en un experto en contar historias, las cuales van a servirte a lo largo de todo tu camino como emprendedor del multinivel. Debes hacer historias que duren entre dos y tres minutos, ya que forman parte de tu plática inicial para que las personas comiencen a conectar contigo.

Ten presente que a las personas les causa más impacto saber cuál es tu problema (momentos de dolor, accidentes, obstáculos, límites) y cómo actúas tú para levantarte ante ello y triunfar (multinivel). Por lo tanto, empieza a enfocarte en construir relatos interesantes que tengan solución para que las personas puedan reflejarse en ti, identificarse con tu historia y con tus sueños.

GESTIÓN DEL TIEMPO EN
TU NEGOCIO MULTINIVEL

El tiempo es algo que debes cuidar en tu equipo de trabajo, ya que muchas veces las personas que ingresan a tu negocio no tienen tanta capacitación para aprovechar su tiempo al máximo y realizar actividades que les permitan ser líderes con impacto. Para tener éxito, es importante entender que tú no controlas el tiempo, pero que puedes controlar lo que haces con él. Esto se logra al administrar tus actividades, enfocarte en cumplir con las acciones principales de tu negocio y ocupándote por estar en comunicación constante con tus socios de trabajo.

Una estrategia para tener una gestión del tiempo es asumirte como un empleado. Sí, sé perfectamente que quieres ser un empresario, pero pensarte como empleado te ayuda a formar una rutina sistemática, a establecer un horario estricto y ser juicioso con el tiempo. Muchas personas, en lugar de tomarse en serio el multinivel, realizan actividades secundarias no productivas como ver Netflix por horas o distraerse con redes sociales todo el tiempo. En cambio, tú tienes que trasladar este tiempo improductivo a tu negocio para convertirte en ese empresario que tanto anhelas.

Cada persona tiene que construir una rutina eficaz para distribuir su tiempo de trabajo a partir de sus condiciones personales. Por ejemplo, una madre de familia tal vez no tenga el tiempo para realizar cuatro horas seguidas de trabajo, por lo que tiene que gestionar su tiempo para no dejar de generar ingresos. En realidad, una agenda de trabajo influye de tal manera en los resultados de un emprendedor que es el factor principal para responder a cualquier problema que enfrentes en esta industria. Si no tienes una gestión de tiempo adecuada, no podrás tener un verdadero crecimiento.

De esta forma, tu rutina es la base en la que colocas el tiempo de trabajo que te hará conseguir los resultados que deseas. Si tu rutina es muy limitada, tus resultados serán iguales; pero si tu rutina establece mucha dedicación, tendrás el tiempo para alcanzar tus objetivos en el lapso que quieras.

TUS SUEÑOS Y LOS SUEÑOS DE TU EQUIPO SE LOGRAN A PARTIR DE ESAS PEQUEÑAS ACCIONES QUE REALIZAS DÍA A DÍA CON TU GESTIÓN DE TIEMPO DE TRABAJO.

TU CICLO DE VIDA DENTRO DEL MULTINIVEL

En la industria multinivel cada compañía cuenta con una serie de rangos o niveles que debes aprenderte de memoria. Recuerda que en esta academia del emprendimiento no se forman abogados o médicos, sino líderes Diamante, es decir, emprendedores millonarios y exitosos. Sin embargo, para llegar a eso se deben pasar por liderazgos básicos, intermedios y avanzados, que implican retos y circunstancias diferentes.

En este punto es muy importante no mostrarse arrogante ante los rangos, ya que es uno de los principales errores que cometen los emprendedores cuando ingresan a la industria en busca de generar dinero; es decir, no los tomes desde el ego, tan solo para obtener reconocimiento y que los demás digan: *¡Ahí va el Diamante!* Tampoco veas los rangos como un tema de dinero: *A mí no me importa el rango, no lo entiendo y me da igual, solo quiero riqueza.* De alguna manera, esto es una contradicción, porque negar al rango es como negar al reconocimiento o al dinero, porque estos vienen incluidos por sí solos.

Por lo contrario, negar un rango o hacerlo de menos es perjudicial para ti como líder, ya que debes construir un ejército de personas que, al igual que tú, estén obsesionados por construir una carrera que los haga llegar hasta el nivel Diamante. No obstante, si tú no le das su importancia al rango, si solo lo ves como un nivel de trámite o sin valor, esta actitud negativa o desinteresada se va a contagiar a tu equipo. ¿Cómo vas a hacer que ellos tengan ganas de comerse el mundo si su líder no les da importancia a los rangos de su empresa? Necesitan verte a ti, necesitan ver tu obsesión por el rango para que ellos comprendan y se motiven a cumplir mes con mes todos los objetivos inmediatos que tengan.

También, como líder y ser humano, tú debes cuidar la manera en que te diriges a tu equipo; es decir, no debes hacerlos sentir mal cuando cometan errores, sino contagiarlos de tu ánimo, tu actitud positiva y tus ganas de crecimiento. A mí me ha tocado ver líderes de altos rangos que tratan mal a sus equipos cuando no cumplen con los objetivos que se habían hecho. En cambio, hay líderes que son muy carismáticos y que siempre tratan bien a las personas que pertenecen al negocio, a las que siguen motivando para que sus resultados sean progresivos. ¿Qué tipo de líder crees que logrará formar a un equipo de Diamantes?

Por último, este ciclo de tu carrera como emprendedor te hará trasladar del punto A al B, para después concluir en el punto C, es decir, del básico al intermedio y del intermedio al avanzado, de acuerdo con los rangos que vayas adquiriendo. Te explicaré más acerca de estos rangos en la fórmula de carrera e incentivos del capítulo 4.

De momento, al hallarte en el punto A, lo primero que necesitas en la industria para tener un crecimiento acelerado es generar una lista de doscientos cincuenta prospectos, practicar la actividad de invitación y realizar un plan maestro (agenda de trabajo). Esto va a ayudarte a validar tu compromiso con el negocio y a comenzar a trabajar en equipo o, en su caso, a aprender de tu *upline* para formar uno después. No obstante, lo que va a permitirte avanzar al punto B y, en general, a tener éxito en la industria, es la duplicación.

EL PACTO DE TREINTA DÍAS

Los primeros treinta días de un negocio multinivel son cruciales, por lo que, después de cerciorarte de quiénes son los responsables de tu empresa y del sistema que se utiliza, debes invitar a personas para emprender contigo en un equipo de trabajo. En este lapso de tiempo, tú debes establecer los siguientes compromisos con tu organización para asegurar un inicio exitoso en la industria:

- **Nivel de compromiso.** Cada integrante de tu ejército debe estar comprometido con el negocio, por lo que debes hacer retos para validar su nivel de participación o de motivación para alcanzar un liderazgo. Por ejemplo, en estos treinta días puedes darle la tarea de afiliar a diez o veinte consumidores.

- **Sacrificio.** En economía, cuando hablamos del costo de oportunidad de las cosas, nos referimos específicamente a que toda acción implica renunciar a algo. En este caso, tú debes sacrificar el tiempo que usas para el ocio o incluso para estar con tu familia, ya que debes usarlo para trabajar en tu negocio y luchar por el rango que tengas presente alcanzar.

- **Negociación.** Es crucial que negocies con tu familia y seres queridos acerca de tu forma de trabajo. Se trata de hacer un consenso de treinta días en que tu familia respete tu espacio de trabajo, pero que también te apoye, que sepa que el sacrificio de tiempo que harás será para ellos, que son la motivación por la que te esforzarás al máximo.

- **Horario y agenda.** Debes contar con un plan maestro para gestionar el tiempo que vas a dar a tu negocio, así como guiar a tu equipo para que trabajen con los mejores horarios de rendimiento.
- **Eliminar los distractores.** Debes dejar todo lo que te distraiga, ya sean plataformas de *streaming*, los medios de comunicación, los amigos, los videojuegos, las visitas, etc. Enfócate por completo en tu negocio multinivel.

- **Herramientas preparadas.** Debes tener a la mano toda la información que necesitas acerca del negocio en tu computadora, como tus presentaciones o guiones.

- **Fecha de arranque.** Es muy importante que establezcas una fecha para comenzar tu plan de treinta días, porque esta elección de tiempo es la que dará inicio a las actividades que debes hacer para alcanzar los rangos y objetivos que te impongas a ti y a tu equipo.

- **Lista de contactos.** Tienes que empezar a contactar a las personas que hayas anotado en tu lista, tratando siempre de comunicarte de una forma amigable y sin hablarles del negocio de manera inmediata. Recuerda, tienes que relacionarte y generar confianza antes de avanzar a la invitación formal al producto o servicio de tu empresa.

- **Acción masiva imperfecta.** Es importante que pongas acción masiva a tu negocio, es decir, que estés dispuesto a sacrificarte y trabajar más, como si estuvieras en una búsqueda perpetua por la perfección. No es fácil, pero es mucho más simple que pasar cinco, ocho, diez o veinte años en un trabajo que no te va a generar un nivel de riqueza como el apalancamiento de la industria multinivel. Tal vez no puedas trabajar todo el tiempo con la misma intensidad, pero estos planes de treinta días son justamente para que pruebes dedicarte de lleno al negocio. Haz el intento de aplicar esta estrategia y hazla con tu equipo, al que puedes brindarle un incentivo (regalar un teléfono o una computadora) para lograr sus metas.

Tu éxito va a depender de que acumules y apliques todas estas variables a partir de un enfoque total. *Todo el mundo quiere el cielo, pero nadie se quiere morir* es una frase que mi papá me decía y que ha sido una enseñanza importante para mí, ya que todo lo que vale la pena implica trabajo. Si tú quieres generar un movimiento o un impacto masivo en el multinivel debes ponerle tiempo, atención y acciones intencionales para obtener riqueza.

MODELO *ROADMAP*

En la industria multinivel, formar un equipo de trabajo puede compararse a la organización de un ejército que se compone por un número de voluntarios con diferentes niveles de experiencia. Por eso es importante que tú, como un emprendedor independiente que se ha convertido en líder, le enseñes a tu equipo a sobrevivir a partir de actividades que les permitan generar impacto en conjunto.

En este punto, el modelo *roadmap* te permitirá tener mayor impacto al atraer a la mayor cantidad de consumidores en el menor tiempo posible, puesto que tu responsabilidad como emprendedor de esta industria es llevar a las personas de un punto A (prospectos) a un punto B (clientes). Este modelo consiste en los siguientes seis pasos:

1. **Lista y "calentamiento".** Una vez que cuentes con tu lista de prospectos, debes refrescar tu relación con aquellas personas con las que no has hablado en mucho tiempo; no se trata de solo contactarlas para venderles tu producto o servicio, sino de generar confianza y seguridad. Cuando desarrolles la capacidad de conectar con otros seres humanos y sentirte cómodo en ambientes que los prospectos pueden convertir en negativos, tu alcance será ilimitado.

2. **Invitación.** Esta actividad te permite enfrentarte a dos grandes miedos: el rechazo y el fracaso. Una vez que te hayas convertido en líder, es fundamental que apoyes a tu ejército al mostrarles cómo deben hacer una correcta invitación y acompañarlos a enfrentar estas inseguridades en sus primeros intentos. Una recomendación es que elabores talleres de llamadas en donde se reúnan de manera virtual o en persona para hablarle a prospectos y practicar entre todos. También, debes enseñarles que la invitación no se acaba cuando se terminen sus listas de contactos, sino que deben convertirse en "turistas" que exploren nuevos contactos para proseguir con la invitación masiva.

3. **Presentación.** Tú y todos los integrantes de tu equipo deben aprender a presentar el producto o servicio de tu empresa. Esta actividad es el momento cúspide para involucrar a los prospectos en tu negocio, así que debes tener listos todos los materiales que necesitas para realizarla, como el guión, un contenido de valor o un cierre convincente. También es importante que tengas una actitud de entusiasmo y alegría, así como estar atento a que las personas se sientan cómodas. En una presentación "improvisar mata", así que, por favor, nunca lo hagas. Es tu responsabilidad que todo esté en orden para que salga a la perfección y esto es lo que debes replicar en tu equipo cuando les toque realizar sus presentaciones.

4. **Seguimiento**. Consiste en dar una continuidad de observación o desarrollo a las personas que han decidido consumir el producto o servicio de tu negocio o sumarse a tu equipo de trabajo. De hecho, hay gente que dice que "el dinero está en el seguimiento" y tienen razón. Al terminar una presentación, yo clasifico a los prospectos en tres niveles: los que dicen sí (se registran y entran al negocio), los que dicen sí, pero necesitan más información (dudan acerca de entrar al negocio) y los que dicen no (se cierran por completo a entrar al negocio).

5. **Presentación detallada**. En especial, los prospectos que dudan entre aceptar o no tu propuesta al terminar tu presentación son los que necesitan un seguimiento inmediato. Debes contactarlos de manera continua para disipar sus dudas y convencerlos de participar en tu negocio, por lo que debes hacerles una presentación detallada.

6. **Cierre**. Debes tener muy en claro las actividades del cierre: la información que necesitas para llenar un formato, el tipo de pago por el producto o servicio, la capacidad de crear una experiencia completa para las personas y la obligación de brindarles toda la información que necesitan saber acerca del producto o servicio que acaban de adquirir contigo.

7. **Duplicación y arranque.** Por último, una vez que hayas realizado un cierre y cumplido con el modelo *roadmap*, debes aprovechar las primeras cuatrocientas ocho horas de la venta para realizar un seguimiento en el que invites a las personas para invitarlos a formar parte de tu ejército de voluntarios. Debes proponerles que les enseñarás a realizar una lista de contactos, preparar un guión de llamada, hacer invitaciones y presentaciones. Si aceptan, enseguida debes organizarles un lanzamiento de cuatro presentaciones inmediatas para que tengan un "arranque explosivo" con el que puedas validar su compromiso e intensidad para la industria.

Estas habilidades son las que debes aprender y compartir con tu equipo. Tú debes hacer que las personas se conviertan en expertos de la imitación para que sean proactivos y líderes como tú. Además, para que esto suceda también es fundamental la comunicación, por lo que siempre debes estar en contacto con ellos a partir de WhatsApp o Facebook para saber qué necesitan o cómo van con sus objetivos.

Ahora que te he explicado este modelo, querida emprendedora, querido emprendedor, es momento de dar paso a las cuatro actividades que te permitirán duplicarte.

PRIMERA ACTIVIDAD PARA
LA DUPLICACIÓN: LA INVITACIÓN

La invitación es la actividad inicial que necesitas para duplicar a tu armada de emprendedores. Para cumplir con este primer paso, tú tienes que generar una lista de contactos que puedes formar a partir de tus redes sociales o en contactos de teléfono. Siempre es importante generar listas de, por lo menos, doscientas cincuenta personas, ya que, mientras más prospectos entren a tu embudo de conversión, más oportunidades tendrás de generar riqueza real en tu proyecto.

Ahora bien, aunque la invitación se trata de un paso fácil, hay personas que tienen miedo de entrar en contacto con otras por temor al rechazo y al fracaso. Si en este momento tú te encuentras en esta situación, es muy importante que te prepares a través de talleres con tus compañeros de equipo, porque solo a través de la práctica y la retroalimentación podrás desarrollar tu habilidad para expresarte.

Por esto, debes perder el miedo a la prospección y comenzar a elaborar una lista digital en Excel, donde escribas el nombre de las personas, sus números de teléfono y correos electrónicos o redes sociales. Es importante que al menos tengas una lista de doscientas cincuenta personas que puedes dividir entre una lista cálida y una lista fría. ¿Quiénes conforman la lista cálida? Tus familiares, amigos y conocidos. ¿Quiénes conforman la lista fría? Tus conocidos con los que tienes un contacto mínimo, así como de los desconocidos. Mientras que con tu lista cálida debes realizar invitaciones indirectas, con la lista fría tienes que hacer invitaciones directas.

De esta forma, comenzar por tus seres más cercanos te permitirá ganar confianza. Por ejemplo, cuando empieces a invitarlos, puedes pedirles su ayuda a través de la retroalimentación: *¡Hola! Estoy realizando unas prácticas para presentar un negocio que acabo de iniciar a unos inversionistas. No estoy tratando de venderte nada, solo quiero que me veas y puedas ayudarme a mejorar, ya que siempre me has apoyado y sé que confías en mí.* Si te fijas, este tipo de invitación indirecta tiene tres ventajas: te permite practicar tu invitación, te brinda la retroalimentación por parte de tu ser querido y te hace llamar la atención de esa persona a tu negocio de manera indirecta.

Ya que cuentes con tu lista de contactos armada en Excel, ¡prepárate para comenzar el "calentamiento" con tus prospectos de la lista fría! Este consiste en generar conversaciones con esas personas que no son tan cercanas a ti por medio de las redes sociales; es decir, si alguien sube una publicación sobre gatos, tú puedes escribirle: *No sabía que también eras amante de los gatos, ¡fantástico!* O, si tu contacto sube una fotografía acerca de su actual trabajo, puedes mandarle el mensaje: *Me encantaría conocer qué es lo que estás haciendo, te mando un fuerte abrazo.*

Este calentamiento es importante para no llegar de golpe con la invitación de tu negocio. Piensa que sería incómodo que alguien a quien no saludas desde la secundaria te escribe tan solo para ofrecerte un producto o servicio. De ser así, te negarías de inmediato, ¿verdad? En cambio, preparar la invitación con un calentamiento previo aumenta tus posibilidades de formar una relación con esa persona, incluso si termina por rechazar tu propuesta, porque no hay nada más elegante que quedar bien con las personas de tus listas, aunque no terminen por unirse a tu negocio.

Otro punto importante es que, debido a la expansión que hoy en día han tenido las empresas multinivel, muchas personas ya no creen tan fácil en las invitaciones, por lo que necesitas contar con un guión claro para poder conectar con las personas. Por esto, voy a presentarte el guión que he probado en mi equipo y que ha tenido muy buenos resultados:

1. **Enviar un mensaje de WhatsApp**. Este mensaje de cortesía es simplemente para apartar un poco del tiempo de las personas para reservar una llamada: *Oye, ¿tienes un minuto? ¿Te puedo marcar? o ¿en qué momento te puedo llamar?* La intención es apartar tiempo.

2. **Prisa**. Ya que estás haciendo la llamada, debes hacerle saber a la persona que tú estás apurado, es decir, que tienes muchas ocupaciones: *Estoy a punto de comenzar un Zoom, pero no quería dejar la oportunidad de llamarte.* Esta acción es importante para validar que la persona te dé su tiempo y reconozca que tú eres una persona ocupada.

3. **Cumplido.** Antes de hacerle la invitación, debes hacer un cumplido genuino y rápido: *Oye, valoro mucho tu ética de trabajo, me encantan tus publicaciones y la manera en que te expresas en redes sociales, me gusta que seas alguien con mucha disposición para hablar con los demás para apoyarlos y creo que podemos hacer algo juntos.*

4. **Invitación directa.** En este punto le das el mensaje de la invitación después de haber hecho un cumplido: *El día de hoy voy a presentar un proyecto vía internet a las diecinueve horas, ¿tú estarías dispuesto a conectarte? Dura treinta minutos y sé que va a gustarte mucho.* Si la respuesta es "no", responde: *No te preocupes, el día de mañana haré la misma presentación a la misma hora, ¿podrás conectarte?* Si la respuesta es "sí", pasemos al siguiente punto.

5. **Confirmación.** Debes asegurar que la persona estará en tu presentación, por lo que puedes marcarles dos horas después de que los contactaste para confirmar que asistirán a tu evento, ya que esto aumenta hasta un 80 % la asistencia real que tendrá tu aforo virtual. En mi caso, uso la estrategia de hacerme el olvidadizo para que recuerden el horario y lo interioricen: *Hola, estoy llevando a tanta gente a esta inauguración de negocio que ya no sé en qué horario quedamos, ¿a qué hora quedamos? Listo, muchas gracias, te mando enlace y nos vemos a esa hora.*

Una vez que aprendas a utilizar esta estructura, puedes aplicar propio estilo. Además, te recomiendo que, cuando hagas invitaciones, siempre tengas un vaso de agua al tiempo, trabajes a puerta cerrada, practiques, no te hagas expectativas sobre si te dirán que "no" o que "sí" y pienses que no hablas con prospectos, sino con amigos.

Por último, déjame darte este consejo. Si bien te he mostrado un guión para abordar a la gente que conoces de lejos, hay ocasiones en que estas pueden tratarse de personas exitosas (como un exjefe o un profesor) que te causen intimidación. Para este tipo de prospectos te recomiendo hacer un *hack*, es decir, ir más allá de un cumplido para hacer una edificación: *Siempre he valorado tu olfato para los negocios, eres un gran empresario y quiero que sepas que hoy tendré una reunión con empresarios de tu nivel porque estamos por arrancar con un proyecto espectacular.*

Ahora bien, ¿qué hacer ante las objeciones? Inevitablemente, muchas personas te dirán que "no" a lo largo de toda tu carrera como emprendedor del multinivel y, muchos de ellos, se deberán a la desconfianza que tienen acerca de la industria. Por eso, antes de que esto suceda, te recomiendo que en tu invitación construyas un mensaje correcto acerca de tu producto o servicio, es decir, que entiendas en qué consiste tu movimiento, porque todos te preguntarán: *¿De qué se trata?* Aquí es donde, más allá de enfocarte en tu producto o servicio, debes hablar de lo que representa tu movimiento. Por ejemplo, tu empresa puede ser un movimiento de educación, antienvejecimiento, promoción de la salud o inteligencia financiera de acuerdo con lo que venda tu negocio. ¿Notas la diferencia en cambiar el ángulo de tu presentación?

En este sentido, debes tener muy clara la visión de tu empresa. Además, tu mensaje debe otorgarte credibilidad y confianza. Por lo tanto, también debes evitar conceptos como "pirámides" o "redes de mercadeo" que, desafortunadamente, han provocado un pensamiento negativo sobre la industria del multinivel al relacionarla con la idea de fraude o estafa.

SEGUNDA ACTIVIDAD PARA LA DUPLICACIÓN: LA PRESENTACIÓN

Una buena presentación no es solamente informativa, sino que es un contenido con el que comunicas la visión de tu movimiento. Por eso es tan importante y, a la vez, difícil de realizar al principio. Esto se debe a que una presentación puede construir o destruir tu seguridad, confianza y autoridad de acuerdo con la manera en que se encuentre tu capacidad para expresarte ante un público, así como conversar con simpatía, tener una respiración relajada o verte seguro en lugar de nervioso. Por este motivo, es importante que practiques tus presentaciones, para que desarrolles tu habilidad de hablar en público y obtengas un impacto poderoso en las personas que te escuchen.

En esta industria, a nosotros nos pagan por hablar y, por consecuencia, hablamos todo el tiempo. En este sentido, todo lo que digas será usado a tu favor o en tu contra dependiendo del impacto que generes, sea positivo o negativo. Tal vez pienses: *Rafa, ¡siempre he sido malísimo para hablar en público!* Sin embargo, déjame contarte que yo era el típico niño al que le daba miedo estar en una exposición escolar. Me ponía muy nervioso, me sudaban las manos, mi vista se nublaba y hasta sentía que iba a vomitar, ¡era una sensación horrible! A pesar de todo, con el tiempo aprendí que mi timidez me limitaba en muchos aspectos y que, si quería generar dinero, debía aprender a hablar en público, porque me di cuenta de que las personas que más riqueza generaban eran las que sabían manejarse frente a una audiencia. Así que, ¡ten mucho ánimo! Si tú te consideras una persona tímida, créeme que puedes desarrollar tu habilidad de hablar en público, ¡sé imparable!

Ahora bien, te presentaré los tres consejos principales que necesitas para realizar una correcta presentación:

- **Atención**. Requieres que la gente esté atenta a ti, que tengan interés en el contenido de valor que les ofreces y que en verdad escuchen el mensaje que tienes que decirles. De nada sirve solamente su asistencia si no te ponen atención.

- **Tiempo**. Necesitas que la gente te brinde su tiempo, que estén contigo para escucharte y no solo por cumplir con una cita. De la misma forma, tú debes aprovechar el tiempo para generar impacto en tu audiencia.

- **Energía**. Debes contagiar a las personas de tu energía, es decir, que tengas la capacidad de transmitirles ese ánimo que tienes por emprender de tal forma que tu audiencia forme parte de ese proyecto tan valioso del que les estarás hablando.

Al igual que las invitaciones, todas las presentaciones también cuentan con un guión, por lo que deberás prepararte para saber qué vas a decirle a tu audiencia. No obstante, no todo se trata de seguir un sistema, sino de ser simpático y reír, porque esto te permite generar confianza en las personas. Incluso, es más importante tener simpatía por medio de las presentaciones virtuales, porque es muy diferente al trato físico. A continuación, te presentaré una lista de elementos que necesitas cumplir para tener una correcta presentación en línea:

- Contar con una excelente iluminación.

- Tener una cámara web adecuada.

- Estar en un espacio silencioso.

- Material digital preparado para compartir en pantalla.

- Pruebas sociales o documentadas de tu negocio.

- Puntualidad.

- Tu presentación y aseo personal.

- Energía y actitud de ánimo.

Cuando valides el cumplimiento de estos elementos, es momento de pasar al formato de tu presentación. Por mi parte, recomiendo dividirla en dos partes:

- **Primera presentación**: Debe ser profesional, con datos verificables y constatables, además de contar con una breve historia de la empresa e información acerca del plan de compensación. Se conforma de:

  1. **Bienvenida.** Recepción y presentación personal.

  2. **Introducción.** Presentación general y breve del tema.

  3. **Contenido.** La información que presentarás a tu audiencia. Aquí también puedes compartir testimonios por parte de algún integrante de tu equipo de trabajo.

  4. **Preguntas.** Sesión de preguntas y respuestas de la presentación. En este punto es importante que, de no saber cómo contestar a una pregunta, te apoyes en alguien de tu equipo que tenga más experiencia.

  5. **Cierre.** Identificar y clasificar los tres tipos de prospectos: los que sí quieren, los que no quieren y los que sí quieren, pero tienen dudas.

  Duración: máximo cuarenta minutos.

- **Segunda presentación**: Se trata de una presentación más avanzada que se da hacia aquellas personas a las que les agrada tu proyecto, pero que aún tienen dudas en aceptar. Aquí ya se da más información acerca de tu compañía, los registros legales, certificaciones y el plan de compensación.

1. **Agradecimientos**. Se dan las gracias por continuar en la sesión y querer saber más del tema.

2. **Contenido avanzado**. La información completa acerca de tu empresa.

3. **Preguntas**. Resolución a las últimas dudas.

4. **Cierre**. Identificar y clasificar los dos tipos de prospectos: los que sí quieren y los que no quieren o aún no se convencen. Con estos últimos es a los que hay que dar mayor seguimiento.

Duración: máximo cuarenta y cinco minutos.

Esta estructura de presentación es la que me ha ayudado a mí a multiplicar mis resultados. Además, tanto en las invitaciones como en las presentaciones, es importante procurar el "momentum", es decir, la concentración total de tu energía y la de tu equipo en las actividades que realicen.

También, es necesario que tengas una organización sistematizada en las presentaciones de tu equipo, por lo que es mejor tener un horario y días a la semana preestablecidos para llevar a cabo de manera activa estas exposiciones virtuales o presenciales.

Con el paso del tiempo, contar con un sistema de presentaciones permitirá que tu equipo termine por dar las presentaciones en lugar de ti, porque ellos tendrán la misma capacidad y rendimiento que tú tengas. Por lo tanto, establece una agenda con tu equipo, define quiénes son los mejores presentadores y enfócate en entrenarlos para que se conviertan en expertos en la materia. Recuerda que, en esta fórmula de la duplicación, tu equipo debe ser capaz de adquirir todos los conocimientos, habilidades, estrategias y aptitudes que tú tengas en el negocio.

Por último, quiero puntualizar que tú, como líder, debes procurar el reconocimiento hacia tu equipo cuando logren sus objetivos. Si bien hay gente que dice que está en el multinivel para ganar dinero, la verdad es que también desean reconocimiento. ¡Compensa a tu equipo y ayúdalos a alcanzar sus sueños!

TERCERA ACTIVIDAD PARA LA DUPLICACIÓN: EL SEGUIMIENTO

En este punto, querida emprendedora, querido emprendedor, tú ya cuentas con un grupo de personas que lograste atraer a tu presentación, pero que aún tienen dudas en aceptar entrar a tu negocio como consumidores o como parte de tu equipo. En este sentido, el seguimiento es una actividad que te permitirá mejorar tu porcentaje del embudo de conversión. Para ello, necesitas actuar en el tiempo adecuado, ya que no puedes dejar que las personas se "enfríen" después de haber estado presentes en tu presentación; es decir, debes darles una continuidad inmediata para que terminen por tomar la decisión de animarse a aceptar tu propuesta.

Alguna vez leí un artículo en la revista *Harvard Busiess Review,* donde se dijo que las personas tienen un 75 % más de probabilidad de convertirse en clientes o seguidores de una marca en la medida en que sean atendidas en un periodo máximo de setenta y dos horas (desde el momento en que se les presentó el producto o servicio). De esta forma, si tú haces un seguimiento en las setenta y dos horas inmediatas a tu presentación, tienes muchas posibilidades de cerrar una venta.

Otro aspecto dentro de esta continuidad a los prospectos es el de la regla de los tres *strikes* que aprendí cuando trabajé en el Banco Interamericano de Desarrollo, ya que ahí debía realizar seguimientos a clientes. Esta analogía al béisbol consiste en que, dentro de esas setenta y dos horas posteriores a tu presentación, tú tendrás tres oportunidades para establecer un contacto claro y directo con tu prospecto.

- **Primer *strike*.** Marcas a tu prospecto por primera vez para manifestar tu propuesta y aclarar todas las dudas que aún tenga respecto a la legalidad o compensación de tu empresa.

- **Segundo *strike*.** Aquí debes analizar la decisión de tu prospecto cuando se le han aclarado todas sus dudas para evaluar qué es lo que necesita para aceptar y, en compañía de tu grupo, preguntarle qué otras dudas tienen y resolverlas.

- **Tercer *strike*.** Si aun así, una vez pasados los primeros dos *strikes*, el prospecto no acepta tu propuesta, esta es la última oportunidad para convencerlo. En este punto recomiendo que tengas un soporte grupal o de liderazgo para que juntos identifiquen qué es lo que el prospecto necesita para aceptar la propuesta y cerrar la negociación.

A pesar de todo, si tú llegas a los tres *strikes*, déjame aclararte que aquí no termina el seguimiento. Por lo contrario, tu responsabilidad y labor es mantener a la persona en tu lista de contactos y darle continuidad de manera mensual, ya que debes hacerle saber que la oportunidad sigue abierta para cuando decida unirse a tu empresa. ¿Te das cuenta del poder que tiene el seguimiento para generar impacto en el crecimiento y desarrollo de tu negocio?

LAS OBJECIONES

Antes de pasar al cierre, quiero detenerme a mostrarte los motivos por los que las personas no aceptan convertirse en consumidores o socios de tu marca. Entender el porqué los prospectos rechazan tu propuesta te ayuda a mejorar tu porcentaje de conversión, ya que la mayoría de las objeciones se ligan a los miedos personales de los prospectos o a la falta de información que tienen respecto al tipo de negocio que les ofreces. Por eso, necesitas contar con un archivo de las objeciones principales que los prospectos hacen hacia tu empresa, porque esto te preparará para la "guerra". Una vez que te encuentres preparado para defenderte de las objeciones, es momento de aplicarlas. Para responder a una objeción, debes responder con los siguientes pasos:

1. Cuando un prospecto te haga una objeción directa hacia la empresa, debes validar su opinión, aceptar que tiene razón en hacerlo.

2. Enseguida, debes hacerle saber que su pregunta es valiosa, porque te permitirá aclarar su duda.

3. Tienes que responder la objeción al otorgarle la información completa sobre aquello que interroga. Por ejemplo, si te dice que tu empresa "no es legal", debes aclarar su duda con todo el respaldo que tengas.

Ahora bien, ¿qué sucede con las objeciones personales? Por ejemplo, si el prospecto te dice que "no tiene dinero", tú tienes que hacerle saber que la empresa cuenta con opciones de ingreso más accesibles con las cuales puede asociarse. Para conocer un poco más acerca del tipo de objeciones que puedes encontrarte, te mostraré aquellas que más he enfrentado a lo largo de mi carrera.

- **Personas que manifiestan no saber si la oportunidad puede funcionar para ellos.** Lo primero que te recomiendo hacer es transmitirle seguridad a tu prospecto. Necesitas convencerlo de que es una persona que cuenta con toda la capacidad para pertenecer a esta industria, que no estará sola en ningún momento y que siempre contará con el respaldo de la compañía. Si tú le transmites que le acompañarás, ten por seguro que aceptará tu propuesta.

- **Falta de dinero.** Muchas veces nos enfocamos en que los prospectos adquieran el paquete más grande de nuestro producto o servicio para obtener mayor compensación. No obstante, cuando las personas tengan esta objeción, yo recomiendo hacer un *downselling*, que es vender algo de menos valor para que tengan la oportunidad de comprar algo más accesible. Del mismo modo, cuando sean prospectos que quieras unir como parte de tu ejército de emprendedores, tienes que hacerles saber que su inversión será multiplicada al unirse al negocio, es decir, debes manifestarles que recuperarán su inversión y que podrán alcanzar sus sueños.

- **Falta de tiempo.** Las personas suelen tener poco tiempo debido a sus actividades diarias o al espacio que dedican a su familia y a sí mismas, por lo que no atienden tu presentación o no se dan el espacio de llenar formularios. En este punto, lo que debes hacer es presentarles el sistema eficaz de tu empresa. Darles la información breve y clara del proceso de inscripción y entrega de productos o satisfacción de servicios para que sean conscientes de que se trata de un proceso ágil y sencillo. Para ello, también debes anticiparte al cierre de la venta y ayudarle a la persona a crear un usuario, ingresar la forma de pago y solicitar el producto o servicio.

A partir de hoy, crea un archivo de las objeciones que recibes por parte de tus prospectos y trabaja en él para generar respuestas claras que te permitan realizar las ventas. De esta forma, cuando tú resuelvas las objeciones que se te presenten podrás pasar a la etapa final: el cierre.

CUARTA ACTIVIDAD PARA LA DUPLICACIÓN: EL CIERRE

Luego de haber pasado por la invitación, la presentación y el seguimiento, llega la etapa del cierre. En este momento, tú debes lograr que las personas tengan confianza en ti y en la seguridad de que su inversión es una decisión acertada. Debes mostrarles que el proceso de pago y adquisición es sencillo, es decir, contestar con facilidad a la pregunta: *¿Qué sigue ahora?* Y lo que sigue es la inscripción, completar un formulario, elaborar un pedido, pagarlo y recibirlo. Al cumplir esto, ¡felicidades!, habrás conseguido asociar a un consumidor a tu compañía. De hecho, lograr un cierre se da de manera natural cuando tú cumples cada una de las actividades previas con ánimo y energía, porque todas las personas quieren seguir a alguien que sea impecable y no, por ejemplo, a alguien que las fuerce a comprar productos o servicios.

Sin embargo, aquí no termina el "¿qué sigue ahora?", porque aún queda futuro para tu consumidor si es que consideras que califica como un buen elemento para sumarse a tu equipo de trabajo. De esta manera, puedes hacer que se visualice a futuro teniendo éxito en la industria multinivel y hacerle saber que tú estarás para apoyarle en su capacitación dentro del negocio. Recuerda que debes transmitirle la emoción de que puede cumplir sus metas junto a ti si acepta la oportunidad de sumarse a tu ejército de soñadores.

Por otro lado, es importante que entiendas que, del 100 % de las personas que tú logres afiliar a la empresa como *upline*, el 80 % no hará nada importante, un 10 % logrará muy poco y solamente el otro 10 % se comprometerá en serio con la compañía y el equipo de trabajo. Tú eres parte de este último 10 %, así que ¡felicidades por tu disposición para salir adelante y alcanzar tus objetivos!

Ahora bien, ¿qué necesitas para tus afiliados? En primer lugar, un plan de bienvenida que te permita formar a tus *downline* de manera inicial. Luego, prepáralo con un taller de invitaciones para que aprenda a relacionarse con su lista de contactos. Después, debes programar sus cuatro lanzamientos, que son cuatro presentaciones continuas sobre la oportunidad del negocio, para validar su compromiso en tener éxito, así como su intensidad para trabajar y capacidad para seguir instrucciones.

Si tu *downline* consigue cumplir de manera correcta sus presentaciones y logra asociar personas a la compañía, desde ese momento habrás cumplido la fórmula de duplicación.

LA RETENCIÓN DE CLIENTES

Por último, quiero detenerme un poco en la importancia de la retención de clientes para que puedas tener crecimiento al paso del tiempo, ya que los consumidores son los que permiten tu riqueza y, a la vez, los que pueden aumentar tu red de negocio al unirse a tu equipo como emprendedores.

De hecho, no importa si tu equipo de trabajo solo se conforma de cinco, tres o dos personas mientras cuentes con una estrategia y una base probada para retener consumidores, tú podrás alcanzar varios resultados y, por consiguiente, incrementar a tu equipo con personas que tengan una identificación con tu servicio o producto. Ahora bien, ¿qué necesitas para crear retención? Principalmente, los siguientes factores:

- **Conexión**. Debes ser capaz de transmitir a los consumidores esa conexión profunda que tú tienes por tu producto o servicio para que ellos, a su vez, puedan crear un lazo emocional por tu empresa.

- **Porcentaje de retención de clientes**. Algo que detiene a muchos emprendedores es que consideran que su producto o servicio es muy caro para vender, por lo que su porcentaje de retención es reducido. Sin embargo, esto es un error, porque lo que cuenta no es el precio, sino la experiencia que das al consumidor. El porcentaje de retención siempre va a mostrarte los elementos que aún debes mejorar para hacer conectar a los clientes.

- **Experiencias**. Además de generar conexión y de promover la retención del porcentaje de tus clientes, debes crear experiencias para que ellos se identifiquen y disfruten tu producto o servicio. Por ejemplo, si vendes una malteada para la pérdida de peso, puedes implementar una rutina por un lapso de tiempo que cuente con un acompañamiento virtual donde las personas puedan compartir su experiencia y motivarse en una red colectiva de consumidores.

En lo personal, me ha ayudado concebirme como un creador de movimientos alrededor de algún producto o servicio determinado, ya que me interesa crear conexiones profundas, capacitaciones, movilidad social, experiencias o mentorías que me permitan generar comunidades para que mis negocios sean sostenibles con el tiempo. Además, el 90 % de las personas que ingresan al multinivel fueron consumidores del producto o servicio de una empresa, así que la retención de clientes también es un medio ideal para encontrar y desarrollar líderes.

CONCLUSIÓN A LA FÓRMULA DE DUPLICACIÓN

Toda organización es del tamaño de su líder, por lo que tú siempre debes vivir una transformación diaria, tienes que estar desarrollándote de manera perpetua y ser congruente, es decir, que haya coherencia entre lo que dices y lo que haces. Por lo mismo, también debes tener una comunicación clara con tu equipo, que establezcan acuerdos reales, sin expectativas ni mentiras. Tú tienes que ser el ejemplo para que la gente pueda hacer invitaciones, presentar el producto o servicio de tu empresa, realizar seguimientos y lograr cierres. Solo a través de la imitación podrás duplicarte.

Una vez que cada uno de los integrantes de tu equipo tenga claro qué es lo que sigue y qué es lo que quiere lograr, ten la certeza de que tu carrera como emprendedor despegará de manera explosiva. Para ello, tú debes acompañarlos en su camino, compartirles tus estrategias y darles las lecciones que necesitan para convertirse en líderes. También, recuerda que el emprendimiento no es un proceso que dura seis meses o un año, sino que debe ser para toda la vida, por lo que debes transmitirles la intensidad al 100 % en el negocio, sin perder la energía por la cantidad de errores que puedan cometer o por compararse con otros emprendedores con mayores resultados. En esta industria, el éxito únicamente depende de ti.

Ahora bien, ¿qué pasa si, a pesar de cumplir con la fórmula de duplicación, no tienes a la cantidad de gente que necesitas para regular el embudo de conversión de tu negocio? ¿Qué ocurre si tu lista de contactos se ha terminado? ¿Qué hacer si no sabes cómo realizar una correcta prospección? Para resolver estas cuestiones, es necesario que pasemos a la segunda fórmula que te dará el éxito garantizado: la atracción.

¡Felicidades por terminar este capítulo, querida emprendedora, querido emprendedor! ¡Has cumplido con la primera fórmula para generar cantidades de seis cifras en menos de un año!

Capítulo 3

Fórmula de Atracción

Existen algunas estrategias que te ayudarán a cumplir con mayor eficacia la fórmula de la duplicación. En este capítulo, te presentaré todos los *tips* que necesitas para lograr una atracción garantizada que permita el flujo constante de prospectos para tu negocio multinivel.

Nunca olvides que las personas mueven la economía mundial, por lo que tu emprendimiento tendrá éxito cuando tú seas capaz de mover a las personas.

En el mundo tan dinámico en el que vivimos, los consumidores son más conscientes y preparados, lo que les hace analizar de manera muy detallada sus acciones de compra. Esto hace que cada vez sea más difícil realizar una venta rápida, ya que las personas están informadas. Además, por ejemplo, tú no le comprarías a alguien que te atiende de mala manera, que no es simpático, que no muestra reciprocidad o que es inseguro, ¿verdad? Así que dime, ¿tú crees que un emprendedor que actúa así tendrá oportunidad de cerrar ventas ante prospectos informados? Desde luego que no.

Por otro lado, esto también tiene su parte positiva: en esta industria, hoy en día, solo los profesionales de las ventas tienen éxito. Por lo tanto, estos cambios también han provocado que los emprendedores se preparen con mayores herramientas para conseguir sus objetivos. Del mismo modo, los canales de comunicación entre emprendedores y prospectos también se han actualizado, por lo que tú, querido emprendedor, tienes que convertirte en un experto de la comunicación digital.

Por esto, la fórmula de atracción se enfoca en formarte como un profesional comprometido, responsable y consciente que pueda aplicar las estrategias y actividades correctas para aumentar su red de consumidores y equipo de trabajo al ganarte la confianza, el respeto y el deseo de aceptación por parte de tus prospectos. Por otra parte, te hablaré acerca de los "gatillos mentales" de los que puedes valerte para cerrar ventas y te explicaré el paso a paso para crear tu propia campaña de *marketing* digital.

¡Estás un paso adelante para convertirte en un emprendedor profesional!

TIPOS DE ESTRATEGIAS EN EL MARKETING MULTINIVEL

Dentro del *marketing* digital, existen dos tipos de estrategias para la atracción:

1. Orgánicas (sin costo)

2. Pagadas (con costo)

Desde luego, la principal diferencia radica en el esfuerzo y el dinero que se involucran en ambas estrategias. Mientras que las orgánicas requieren de tu esfuerzo activo a cambio de no invertir dinero, las pagadas no exigen tu esfuerzo, pero tienen un precio. A su vez, se diferencian por el tiempo, entre dedicarte a cumplir con acciones que te den publicidad o hacer que los algoritmos de las plataformas digitales te den publicidad.

El uso más recomendable en el *marketing* en tu negocio multinivel es el uso de estrategias pagadas. No obstante, si aún no cuentas con capital suficiente, te sientes desanimado por gastar sin que tus campañas funcionen o te falta experiencia dentro del negocio, las estrategias orgánicas también procuran buenos resultados sin necesidad de invertir dinero; pero, una vez que superes estos obstáculos, tienes que invertir en publicidad. Desafortunadamente, la mayoría de los emprendedores de esta industria están acostumbrados a no invertir, ya que suelen temer o incomodarse ante la idea de "perder" dinero. De esta manera, ellos detienen su propio esfuerzo por crecer en sus empresas.

Para que tengas claro cuáles estrategias pueden implementarse dentro de las orgánicas y las pagadas, te mostraré las más comunes que puedes implementar en tu negocio. Dependiendo de la inversión que realices en cada una de ellas, podrás cumplir con la fórmula de atracción de forma orgánica o pagada.

ESTRATEGIA DE REGALOS 24 HORAS

Esta estrategia consiste en que puedas, a través del producto o servicio de tu compañía y en un lapso de 24 horas, aportarles valor a los prospectos al darles un obsequio, un regalo o algo que les permita conocer un poco la experiencia de formar parte de tu negocio a cambio de su testimonio en la resolución de una encuesta. Puedes aplicar esta estrategia por medio de redes sociales al seguir las siguientes etapas:

1. **Contacto.** Es el cómo establecemos contacto con la gente y el motivo por el que lo hacemos. Este paso consiste en el saludo a la persona y en ofrecerle un obsequio por parte de una franquicia

que acabas de adquirir: *¡Hola, acabo de adquirir una franquicia en educación y quiero otorgarte una beca para que puedas conocerla!* El fin de esta etapa es la aceptación por parte del prospecto.

2. **Obsequio.** Aquí das un regalo que dependerá de las posibilidades de tu empresa o de tu inversión. ¿Qué pasa si tu compañía no tiene facilidad para ofrecer una muestra gratis de su producto o servicio? Puedes ofrecer conocimiento, una capacitación o un *e-book*. El fin de esta etapa es la satisfacción por parte del prospecto.

3. **Encuesta.** A cambio del regalo que les darás por 24 horas, los prospectos deben contestar una encuesta, aclarándoles que no les venderás nada, sino que solo requerirás de sus testimonios. Debe tratarse de una encuesta formal vía telefónica con los siguientes elementos.

I. **Introducción:** presentar brevemente tu compañía y aclararle la confidencialidad de la encuesta.

II. **Primera pregunta:** *¿Te pareció sencillo aplicar nuestro producto o servicio?* Para validar que a la persona le pareció conveniente y fácil disfrutar de él.

III. **Segunda pregunta:** *¿Consideras más viable utilizar este producto o servicio en lugar de otros similares?* Para validar su aprobación respecto a la competencia y la viabilidad de su consumo.

IV. **Tercera pregunta:** *¿Conoces a alguien que esté interesando o que pudiera estar interesado en consumir este tipo de productos o servicios y que pueda beneficiarse con ellos?* Para validar la posibilidad de expandir tu red.

V. **Cuarta pregunta:** *¿En algún futuro estarías interesado en conocer este negocio?* Para validar su interés en formar parte de tu red.

VI. Agradecimiento y transición. Les agradeces su participación y los invitas a asistir a una presentación.

El fin de esta etapa es generar conversación con los prospectos.

4. **Presentación.** Después de que acepten tu invitación, realiza la presentación de tu negocio.

¡Listo! ¡Es tu momento de preparar tu estrategia de regalos 24 horas! Define qué obsequio ofrecerás a tus prospectos para atraerlos a tu negocio y elabora tu guión para realizar tu cuestionario.

ESTRATEGIA DE LOS EVENTOS SEMANALES

La estrategia de eventos semanales funciona para crear conexión a través de una organización frecuente de presentaciones que se realicen en distintas ciudades y espacios. De preferencia, que sean presenciales, ya que esto permite construir mayor confianza y que la gente reciba experiencias.

Además, el contacto con las personas genera reciprocidad y un intercambio de energías que, finalmente, te darán autoridad frente a tu audiencia. Muchas veces, las personas en esta industria creen que la autoridad se gana con ropa cara, autos o joyas, pero no es así. Un líder tiene autoridad cuando es capaz de tener conexión con las personas de manera natural y generar simpatía.

Ahora bien, la duración de estos eventos semanales debe ser de al menos tres horas en las que seguirás un proceso que otorgue un contenido de valor para tus asistentes, es decir, que sean talleres o *workshops*. Se trata de que hables de tu producto o servicio como un movimiento, de manera que tu tema se convierta en un seminario o conferencia. Para esto, es importante cubrir una captación de prospectos e invitaciones, poner un nombre a tu evento, definir a qué tipo de persona va dirigido, utilizar diseños (para la invitación y entradas), establecer la duración y al ponente principal.

Enseguida, te presento los pasos de este taller o seminario:

1. **Bienvenida.** En esta etapa se recibe a las personas con energía, buen ambiente, temperatura, etc. Es importante que cuentes con un maestro de ceremonia y edecanes que atiendan a todos los invitados.

2. **Presentación.** Aquí se deben dar por lo menos cinco claves o elementos de contenido con los que el *speaker* dé aprendizajes generales a los invitados acerca del movimiento que se les presente. Nota: es importante que el presentador seas tú o alguien de tu equipo, pero no otro líder externo.

3. **Testimonios.** En esta etapa, tres o cuatro miembros de tu red darán sus testimonios (ya preparados) respecto a su lugar en el movimiento y cómo sus vidas han cambiado a partir de él.

4. **Transición a la presentación del producto o servicio.** El punto es lograr que las personas se queden para recibir una presentación directa acerca del producto o servicio de tu movimiento. Por ejemplo, si tu movimiento es sobre pérdida de peso, tienes que justificar por qué es importante que se queden hasta el final: generar una mejor imagen, convivencia con otras personas, formar parte de una compañía segura y sostenible, etc.

5. **Cierre del evento.** Al terminar la presentación, debes clasificar a las personas entre las que sí quieren entrar a tu negocio, las que no y las que aún tienen dudas. Después, realizarás cierres y seguimientos, como te he mostrado en la fórmula de la duplicación.

Aunque esta estrategia también se puede cumplir por medio del pago para generar invitados, te sirve más como práctica orgánica. El proceso de captación de esta estrategia es una práctica excelente para que tú y tu equipo de trabajo inviten a las personas a eventos presenciales y tengas mayores embudos de conversión en tu red. Más adelante retomaré esta estrategia de eventos semanales a partir de un presupuesto en campaña de *marketing* y gastos en la realización de los seminarios.

TU MARCA PERSONAL EN REDES SOCIALES

La marca personal me ha permitido llegar al punto en el que estoy: a las 6 cifras mensuales, al primer millón de dólares, al equipo de miles de personas.

Uno de los temas importantes cuando hablamos de las redes sociales es entender lo que es el concepto de la "marca personal". Esto es algo propio de todos los seres humanos, porque es algo que exponemos de manera inherente y que forma parte de nosotros. Es lo que responde a las preguntas ¿cuál es la percepción que tienen las personas acerca de ti? y ¿cómo te visualizan en tus redes sociales? En este sentido, tú debes preguntarte: ¿Cuál es el pensamiento que quieres que las personas tengan cuando se refieran a ti? ¿Qué perfil deseas proyectar?, ¿el de una persona exitosa?

Es importante que definas qué es lo que quieres proyectar. Para ello, también tienes que evaluar quién eres hoy en día con tus resultados. Por ejemplo, puedes hacer el ejercicio de ver tus últimas veinte publicaciones,

¿estas te están ayudando a construir una marca que se vea profesional? ¿Te ves como una persona de negocios comprometida y exitosa? Con esto quiero mostrarte que la marca personal es algo que tiene que gestionarse para tu imagen y hacerlo significa que seas congruente entre lo que compartes y lo que quieres ser.

Ahora bien, ¿a quién vas a adoptar en tus redes sociales? Quiero que hoy elijas tres *role models*, personas que estén haciendo un buen trabajo en redes sociales: conferencistas, amistades o líderes de tu industria multinivel, cualquier tipo de profesional que se parezca a lo que tú quieres ser. Tener estas relaciones te permitirá replicar la manera en que estas personas son congruentes entre su marca personal y su éxito.

Es importante que evadas temas como: intereses políticos, deportivos, religiosos e ideológicos a la hora de compartir tu marca personal. Estos temas no suman nada a tu persona y, al contrario, te perjudican al generar una barrera para todos los perfiles que piensen diferente a ti. Es por eso que necesitas ser un líder abierto y, por consecuencia, hacer que tu equipo se aleje de publicaciones polémicas e innecesarias, porque esta industria es incluyente, sin importar el sexo, la religión, la política, las creencias religiosas, etc. Para crear polémicas, puedes hablar, por ejemplo, del empleo vs. emprendimiento; es decir, problemáticas o analogías reales que tengan que ver con tu movimiento.

Una vez que gestiones tu marca personal, debes preocuparte por dominar el uso de tus redes sociales, es decir, de todas las funciones que tienen estas plataformas y la manera en que puedes usarlas a tu favor. En primer lugar, recomiendo Facebook, porque es la red en la que puedes agregar a más cantidad de personas. Después, Instagram, por la ventaja de las *stories*, y TikTok, por la dinámica de los videos. Por último, LinkedIn, donde encontrarás a una red de profesionistas.

Cuando valides el tiempo de trabajo que consume cada una de estas redes, es momento de que gestiones cómo utilizarlas. En este caso, unificar tus redes sociales para que se compartan los mismos contenidos te hará ahorrar tiempo.

TIPOS DE CONTENIDOS PARA TU GRUPO DE FACEBOOK

Acerca de la frecuencia que debes tener en tu grupo de Facebook para atraer gente, recomiendo publicar la mayor cantidad de veces posible. Esto se debe a que Facebook solo muestra a las personas los contenidos de las páginas con las que interactúan; por lo tanto, tienes que generar contenido atractivo para que las personas se interesen en tu grupo. Aquí te presento los tres tipos de contenido más valiosos:

- **Social o *lifestyle*.** Se refiere a todo lo que habla de tu estilo de vida: acciones, experiencias, viajes, lugares que frecuentas, etc. Este tipo de contenido es el que genera más interacción y el que va más ligado a tu marca personal.

- **Negocios**. Consiste en la publicación de frases, videos, entrevistas, etc. Este tipo de contenido te da la oportunidad de divulgar información a través de videos que se relacionen a tu movimiento.

- **Invitaciones**. Debes subir una cápsula donde invites a la gente a que te contacte y conozca tu negocio.

Al día, por lo menos, debes hacer cinco contenidos: dos de *lifestyle*, dos de negocios y uno de invitación. Por esto, es importante que un día a la semana te dediques únicamente a coleccionar y crear todos los contenidos que compartirás en tu grupo.

RECUERDA QUE TU CONTENIDO DEBE SER INTELIGENTE: NO SE TRATA DE PERSEGUIR A LAS PERSONAS, SINO DE ATRAERLAS.

CONSTRUYE TU MOVIMIENTO: CAUSA, ENEMIGO Y OBJETIVO

Es importante que definas tu red o negocio como un movimiento. Es decir, debes contar con una causa por la que tú y tu equipo estén emprendiendo. ¿Qué es lo que tu producto o servicio busca más allá de satisfacer una necesidad? ¿Qué es lo que tú y tu equipo quieren lograr más allá de las ventas? Por ejemplo, si tu empresa es para bajar de peso, tu movimiento consistiría en hacer que la gente recupere su figura y su salud en un tiempo determinado. Si, en su lugar, tu movimiento es de viajes, buscarías que las personas vayan a cualquier parte del mundo a un precio más barato y sin intermediarios.

Por consecuencia, tu movimiento también cuenta con un "enemigo", que son las demás compañías que sean informales u oculten información en el mundo de los productos para pérdida de peso o los monopolios de agencias de viajes con muchos intermediarios y precios altos; y así con todos los tipos de negocios multinivel que existen en el mundo. Por último, ¿cuál es el objetivo de tu movimiento? En el caso de la pérdida de peso, mejorar los hábitos y cuidar la salud; en los viajes, transportar a la mayor cantidad de gente a bajos costos.

Además, debes ser reservado, eficaz e inteligente con tu negocio. No debes volverte un "lunático de la marca" que se ponga la camiseta, llene sus redes sociales con información de su compañía o se la pase dando el mensaje de que su producto o servicio *¡es el mejor del mundo!* En su lugar, debes provocar misterio y seducir. Tan solo piensa, ¿qué pensaría de ti un prospecto de tu lista si, después de ver todas las publicaciones diarias que haces de tu empresa, le mandaras un mensaje para invitarlo a compartir una oportunidad contigo? Seguramente se intimidaría y rechazaría tu oferta de inmediato, ya que sabría totalmente de qué se trata la "oportunidad" que le ofreces. En cambio, si conservas el misterio tendrás un efecto de atracción mucho más poderoso. ¡No te pongas el pie a ti mismo!

Recuerda los *tips* que te di respecto a tu marca personal: no seas un peón de tu compañía, sino un profesional de la industria. Si solo quieres vender un producto o servicio puedes intentar lo primero, pero si quieres tener trascendencia, conviértete en lo segundo. Para ello, debes comenzar por tratar a tus contactos como personas, no como consumidores. La fórmula de la atracción se cumple cuando tienes una comunicación de calidad con las personas, quienes incluso pueden comprar tus productos o servicios no por la necesidad que tengan de ellos, sino por ti y tu valor como persona.

En conclusión, necesitas convertir tu producto o servicio en un movimiento que cuente con una causa, un enemigo y un objetivo, así como evitar ser un "lunático de tu marca" y, en cambio, ser un profesional de la industria. Ahora bien, tu movimiento necesita estar respaldado en tu equipo y la organización de tu negocio.

LOS GATILLOS MENTALES

El misterio es un factor que atrae a las personas a un evento. Por eso, es importante que no invites a las personas a una presentación diciéndoles que quieres hacerlos parte de una compañía multinivel, en especial, cuando se trata de eventos presenciales. Sin necesidad de mentir, debes decirles que harán un entrenamiento, recibirán una conferencia o que estarán en una convención.

Antes de dar una presentación y ronda de emprendimiento, debes preparar el contenido que le brindarás a los invitados. En este punto, tienes que decidir con tu equipo cómo generarán emociones en los consumidores potenciales; es decir, qué gatillos mentales utilizarán con el público. Estos existen en cualquier proceso de venta, solo que algunos se necesitan con mayor o menor intensidad dependiendo de la estrategia aplicada. A continuación, te comparto los gatillos mentales de esta industria:

- **Autoridad**. Al imponer autoridad hacia los invitados, ellos tendrán la seguridad de que tú sabes de lo que hablas y que pueden confiar en tus recomendaciones. Si las personas ven que tienes el conocimiento de lo que presentas, se convencerán de tomar una buena decisión al aceptar consumir tu producto o servicio.

- **Simpatía**. Caerle bien a las personas es un poder comunicativo que tienes que cumplir para generar impacto. Una persona que solo se dedica a vender un producto o servicio jamás podrá lograr lo que otra, que hace la misma tarea, cumple mostrándose alegre, entusiasmada, divertida y simpática.

- **Prueba social**. Hace referencia a la evidencia: el respaldo que da seguridad a tu negocio y que demuestra a las personas que pueden tomar decisiones sin temer ser engañados.

- **Reciprocidad**. Se aplica cuando la gente es consciente de que les estás dando contenido de valor o que los haces sentir especiales.

- **Comunidad**. Tienes que darles la seguridad a las personas de que no estarán solas, sino acompañadas. Se trata de convencerlos de que pueden formar parte de una comunidad. De hecho, puedes mostrarles fotos de tus convivencias, viajes, cenas, bailes, etc.

- **Urgencia o acción**. Es el punto en el que haces un cierre rápido al dar una oferta única y urgente; es decir, que solo las personas que acepten a la brevedad recibirán mayores beneficios.

Si deseas saber más acerca de los gatillos mentales, te recomiendo leer *Influence* de Robert Cialdini, donde habla de estos y otros modos de persuasión que podrán ayudarte al abordar a la gente.

EVENTOS SEMANALES CON ESTRATEGIAS PAGADAS

Después de haber implementado las estrategias orgánicas en tus eventos, es decir, cuando ya eres un líder de nivel intermedio que sabe utilizar el *marketing* digital y convocar a las personas para unirse a tu empresa, es el momento preferible para realizar las estrategias pagadas. Si aún no dominas de manera orgánica las estrategias de ATM y regalos 24 horas que te presenté, perderás mucho dinero si todavía no sabes utilizar el internet a tu favor. Del mismo modo, será difícil si no cuentas con un equipo de trabajo consolidado con, por ejemplo, diez personas altamente comprometidas.

RECUERDA QUE UNA SOLA PERSONA NO PUEDE GANAR EN LA GUERRA DEL MULTINIVEL.

Los eventos de tu movimiento deben ser masivos para generar mayor impacto, por lo que tu audiencia tiene que conformarse por cien o doscientas personas. Tal vez pienses que es una gran cantidad de prospectos por lograr, pero es posible cuando organizas tus eventos desde cero y pagas por la atracción. Además, recuerda que no eres tú solo quien logra atraer a doscientas personas, sino tú junto a tu equipo de diez profesionales de la industria. Antes del evento, estos son los elementos que debes procurar:

- **Presupuesto.** Debes definir con tu equipo qué presupuesto van a tener para celebrar su evento y cubrir todos los gastos operativos: renta del espacio, proyector, computadora, iluminación, bocinas, publicidad, bebidas, etc.

- **Espacio del evento.** Tienes que elegir un lugar adecuado y con el espacio suficiente para recibir a todos los invitados. Los hoteles son los espacios ideales para llevar a cabo tus eventos, ya que además puedes formar acuerdos que te permitan apartarlos a un buen precio. Por logística, debes apartar el espacio de tu evento con dos semanas de anticipación.

- **Convocatoria.** Mientras que en una estrategia orgánica tienes que invitar directamente a todos tus contactos, en una estrategia pagada haces uso de la publicidad para atraer a la gente.

Por su parte, los elementos que debes cuidar durante la presentación de tu evento son:

- **Temperatura.** El salón del hotel o el espacio que se haya rentado no debe ser caluroso, porque esto provoca incomodidad y desinterés en la gente.

- **Sonido.** Todas las personas, desde la primera hasta la última fila, deben ser capaces de escuchar la presentación con claridad, con un sonido que no sea ni muy alto ni muy bajo.

- **Proyección.** Desde cualquier espacio del salón, los invitados deben ser capaces de ver con claridad las diapositivas, videos o fotos que les muestres con el proyector.

- **Hidratación del ponente.** Tú o cualquier otro integrante de tu equipo que se encargue de llevar a cabo el seminario debe contar con agua para poder hablar por micrófono durante las tres horas del evento.

- **Presentación.** La información del seminario debe estar escrita por guion y lista para la presentación, así como todos los materiales que se puedan utilizar.

- **Equipo tecnológico.** Debe estar preparado desde el inicio: cableado, proyector, computadora, apuntador, micrófono, etc.

- **Organización secundaria.** Se deben considerar las salidas al baño, horarios de actividades, salidas de emergencia, elegir un orador secundario, edecanes, etc.

Después, en el momento de la transición de la conferencia a la oportunidad de negocio, tienes que convencer a las personas para que se queden a escuchar la presentación de tu producto o servicio. Puede lograrse a través de cinco preguntas:

1. *¿Quién considera que la información que les compartí hoy les hizo aprender algo valioso?* La idea es generar que toda la audiencia levante la mano para que validen tu evento.

2. *¿Están de acuerdo con que el uso de este producto o servicio puede mejorar sus vidas?* El fin es que validen la relevancia de tu oportunidad.

3. *¿Qué tan comprometidos e interesados están en este producto o servicio? Si les mostrara cómo funcionan y cómo ayudan a la causa de nuestro movimiento, ¿se comprometerían a escucharme y a hacerlo?* Necesitas promover el compromiso de la audiencia.

4. *¿Te gustaría conocer el producto o servicio que ha transformado mi vida y me ha permitido ser parte de una comunidad maravillosa, viajar por el mundo, tener muchos amigos y venir hoy a tu ciudad para dar este evento?* El fin de esta pregunta es emocionar a la gente y que no duden en escucharte.

5. *¿Me dan permiso para darles más información acerca de este producto o servicio por unos cuarenta minutos más?* Esto da paso a ofrecerles la oportunidad que les tienes preparada.

Finalmente, al hacer tu presentación del negocio, te hago las siguientes sugerencias:

- Ten la información organizada y a la mano.

- No des información innecesaria como el fundador de tu empresa o los detalles técnicos del plan de compensación, solo hazle entender a la audiencia la oportunidad en ganancias que pueden obtener. Esto te hará ser diferente a las presentaciones convencionales y te otorgará autoridad y confianza por parte del público.

- Da evidencias para que las personas vean la oportunidad de ingresos.

- Transmite que formas parte de una comunidad.

- Usa testimonios cortos de tu equipo de trabajo como prueba social.

- No aceptes preguntas de la audiencia hasta al final de tu presentación.

EMBUDO PARA ATRAER PROSPECTOS A TU EVENTO

A pesar de que comiences a llenar tus eventos por medio de estrategias orgánicas, llegará un momento en el que termines con tu lista de contactos directos. Por esto, es importante la implementación del *marketing* pagado. Para ello, necesitas a una persona de tu equipo que sea experto en redes sociales y un diseñador web. Después, este es el procedimiento que debes seguir.

1. **Prospección**. Hacer anuncios en Facebook para atraer a la gente a tu evento, que estará conformado por una conferencia, ronda de inversión y emprendimiento.

2. **Registro**. Llevar a las personas a una página de registro personalizada, que puede ser en las

plataformas Kajabi y Wordpress. Por ejemplo, por ciento veinte dólares mensuales, puedo compartir páginas de Kajabi entre todos mis equipos que se encuentran en diferentes países. Debes pedirles su nombre completo, número de teléfono, correo electrónico y una pestaña donde puedan seleccionar por cuál medio se enteraron del evento: correo electrónico, anuncio en redes sociales o una invitación directa. Este último punto te ayudará a saber qué estrategia es la que te da mayores resultados.

3. **Página de agradecimiento**. Una vez que las personas se hayan registrado, recomiendo conducirlos a una página o anuncio de agradecimiento por inscribirse a tu evento.

4. **Seguimiento**. Se trata de mantenerse cerca de las personas registradas para que no falten al evento. En mi caso, les envío un video acerca de qué veremos en el evento, correos electrónicos de recordatorio y los invito a sumarse a un grupo de WhatsApp, donde les envío la ubicación y entradas para el evento.

5. **Seminario**. Una vez que hayas cumplido los pasos anteriores, estás listo para comenzar tu evento.

¿CÓMO HACER TU CAMPAÑA EN INTERNET?

Invertir en *marketing* por internet es uno de los elementos necesarios para atraer prospectos a tus eventos semanales. Vivimos en la era digital, por lo que debes enfocarte en realizar campañas en redes sociales. ¿Cuánto debes invertir? Por evento, recomiendo que el 50 % del presupuesto de tu equipo sea usado en publicidad y el otro 50 % en la logística (renta del espacio, materiales técnicos, logística, etc.). Estas son las tres opciones que existen para diseñar una campaña:

- **Hacerla tú mismo.** Si no tienes experiencia en *marketing* digital, tienes que aprender a hacerlo. En internet existen muchos entrenamientos que puedes conseguir para volverte un experto en el tema. Por mi parte, cuento con el curso *Master en Facebook ads*, donde podrás aprender a profundidad todas las estrategias que te he mencionado en este capítulo.

- **Contratar a una persona.** Si tú deseas enfocarte tan solo en tu negocio y no ocuparte en el *marketing* digital, puedes contratar a un *freelancer* que se ocupe de hacerlo por ti.

- **Contratar a un equipo de trabajo.** Yo cuento con una Fábrica Emprendedora, donde apoyamos a empresas a que realicen lanzamientos y publiciten sus eventos.

Ahora bien, ya que has decidido cómo diseñar tu campaña, necesitas cubrir estos tres sencillos elementos para arrancar tu campaña:

- Crear una página de Facebook.

- Darle tu marca personal a la página de Facebook.

- Construir tu campaña de conversión con la opción de "administrador de anuncios".

En esta industria, las campañas de *marketing* que se realizan para cumplir la fórmula de atracción son de conversión, es decir, están destinadas a convertir a prospectos en clientes o hasta en socios de tu equipo de trabajo después de asistir a tu evento. A su vez, esta campaña necesita de un presupuesto y organigrama de actividades para que los anuncios generen impacto. De esta forma, si tu campaña es de conversión y cuenta con un presupuesto adecuado y una organización, tus anuncios tendrán éxito.

Una vez que cuentes con la base de tu campaña, debes invertir para generar diez versiones de tu anuncio, ya que la gente puede tener distintos criterios para aceptar una publicidad. ¿Qué contenido deben tener? Información clara, una imagen o video y un link o botón que traslade a los interesados a tu página de registro. A continuación, te mostraré el paso a paso para crear tu campaña en Facebook

1. Abrir el link www.facebook.com/adsmanager.

2. Dar clic en "Crear campaña".

3. Elegir la opción de "Conversiones" y dar clic en "Continuar".

4. Introducir el nombre de la campaña (nadie lo verá públicamente) y dar clic en "Siguiente".

5. En la pestaña de "Evento conversión", elegir la opción de "Completar registro".

6. Establecer el presupuesto diario de al menos diez dólares. Si ya cuentas con un respaldo importante, puedes destinar mil dólares por el conjunto de días.

7. Establecer la fecha de inicio y de cierre de tu campaña. Yo recomiendo una duración de campaña de siete días cuando tengas un equipo de trabajo que te permita hacer eventos semanales.

8. Colocar el nombre de la ciudad donde se llevará a cabo el evento.

9. Colocar rango de edad de la población entre dieciocho y cincuenta y cinco años.

10. Seleccionar "Todos" en la sección de "Sexo".

11. Escribir las palabras "*Marketing* multinivel" en la sección de "Segmentación detallada".

12. Dar clic en el botón de sugerencias y seleccionar veinte o treinta variables que se relacionen con tu campaña.

13. Seleccionar cuatro variables de tipos de personas a las que quieres que les lleguen tus anuncios en la sección de "Acotar público".

14. Una vez que se tengan elegidos la segmentación, el presupuesto y el calendario, dar clic en el botón "Siguiente".

15. Elegir la página que hayas creado para colocar tus anuncios.

16. Agregar una imagen o video en el "Contenido multimedia". Si no cuentas con fotografías o imágenes propias, puedes utilizar la plataforma Canva, donde podrás crear diseños de manera sencilla y profesional.

17. Agregar el texto del anuncio. Este puede comenzar por *Atención emprendedores, entrenamiento gratis y (el tema de tu movimiento)*. Luego, debes redactar la descripción de tu oferta. Por último, la despedida: *¡Haz clic e inscríbete ahora!*

18. Escribir el título del anuncio.

19. Colocar el link de tu página web para el registro de prospectos.

20. Finalmente, para crear veinte anuncios en lugar de uno, seleccionar los tres puntos junto a la pestaña "Nuevo anuncio de conversión" del margen izquierdo para seleccionar la opción "Duplicar rápidamente". Luego, elegir una nueva imagen o video sin cambiar el texto. Repetir este paso por la cantidad de anuncios deseados.

21. Agregar información de pago (depende del país).

22. Dar clic en "Publicar".

¡Listo, has creado tu campaña digital! Ahora bien, una vez que lo has lanzado a redes, debes monitorear los resultados: ¿cuántas personas se registran a tu evento con el paso de los días? Estudiar tus resultados hará que cada vez tu fórmula de atracción vaya mejorando y creciendo.

CONCLUSIÓN A LA FÓRMULA DE ATRACCIÓN

Después de estudiar esta segunda fórmula, queda claro que no solo basta con ser un excelente vendedor o contar con actividades duplicables, porque, mientras no haya atracción de prospectos, tu negocio no podrá arrancar: las personas son el motor de tu movimiento. Por esto, hemos repasado las estrategias principales que debes realizar para permitir el flujo de prospectos que asistan a tus presentaciones y eventos: ATM (Agregar, Taguear y Mensajear), regalos 24 horas y eventos semanales.

También, te expliqué cuáles son los gatillos mentales más importantes que puedes utilizar a tu favor para tener impacto frente a las personas y te mostré el paso a paso que debes seguir para crear una campaña de *marketing* en Facebook ads.

A partir de todas estas herramientas que compartí contigo, deseo que practiques de manera orgánica las tres estrategias que te compartí, que establezcas tu marca personal en redes, apliques los gatillos mentales, elabores un plan presupuestal en inversión de *marketing* con tu equipo y, con todo esto, cumplas la fórmula de atracción.

Ahora que hemos terminado esta fórmula, en el siguiente capítulo te mostraré, una vez que tienes asegurada la duplicación y atracción de tu negocio, cómo debes mantener a tu equipo a través de una carrera de incentivos.

¡Mucho ánimo, querida emprendedora, querido emprendedor!

CAPÍTULO 4

FÓRMULA DE CARRERA E INCENTIVOS

Dentro de tu carrera en esta maravillosa industria del multinivel, llegará un punto en el que, luego de haber cumplido tus primeros objetivos, tu líder te dirá: *¡Oye, hay que ir por tu nivel Diamante, Rubí o Esmeralda!*, dependiendo del tipo de rangos que manejen en tu empresa. ¿Por qué son importantes los rangos y por qué debes obsesionarte con ellos? Porque cada uno de nosotros, querido emprendedor, necesitamos del reconocimiento para continuar desempeñándonos mejor y cumplir con nuestros sueños.

En esta academia llegan personas con distintas habilidades y capacidades que estarán desarrollando a través de cada una de sus batallas por alcanzar sus objetivos. Muchas veces, se trata de personas que nunca han recibido reconocimientos de ningún tipo en sus vidas. Quizá, provienen de ambientes hostiles donde ni siquiera sus familias los apoyen y feliciten cuando hacen algo que consideran relevante. Por eso, cumplir con la fórmula de carrera e incentivos es muy importante para las personas de esta industria: *Las personas llegan al multinivel por dinero, pero todas matan por el reconocimiento.* En el multinivel, se te felicitará por tu desempeño, porque el reconocimiento es determinante para que tengas éxito.

Además, el rango de una empresa siempre te permitirá establecer una dirección y parámetro de avance. Es decir, cada vez que alcances un logro, sabrás cuál es el siguiente y, en caso de que ya no sepas hacia dónde más ir, es porque habrás alcanzado el máximo nivel. ¿Hasta dónde llegan tus metas? En todas las compañías de multinivel se establecen carreras corporativas con diferentes rangos y procesos que tú debes conocer a la perfección. Algunos planes de compensación pueden marcarse por meses o años, aunque la carrera más común es la fórmula 1, 3,

5, 7, de la que te hablé en el *kickstart*: siete años para alcanzar el máximo rango y éxito de tu compañía.

Más allá del reconocimiento, un rango también habla de la consistencia y capacidad de una persona para tener éxito en el multinivel; alguien nivel intermedio sabe cumplir con habilidades de comunicación, pero no tiene las estrategias avanzadas de un líder diamante. También, habla de la obsesión y ambición por crecer. Por ejemplo, cuando comencé en esta industria cometí el error de no interesarme en los rangos. Esto provocó que mi primer equipo, que estaba conformado por personas muy capaces y talentosas, perdiera el interés por seguir creciendo en la empresa, porque no obtenía ningún reconocimiento.

Aquí te mostraré las estrategias que implemento en mi organización para que mis equipos tengan crecimiento de forma masiva. Aprenderás que los rangos también implican mejores ingresos y experiencias, además de que son duplicables. Deseo que te inspires al conocer todos los medios que te daré para cumplir con la fórmula de carrera e incentivos, porque los rangos son cruciales para tu éxito.

Si cumples con esta fórmula y te obsesionas con tu nivel Diamante, te aseguro que, como yo, lograrás generar ingresos mensuales de seis cifras en dólares. ¡Ánimo, querida emprendedora, querido emprendedor!

LOS RANGOS DE TU NEGOCIO MULTINIVEL

Toda carrera en la industria del multinivel se divide en tres niveles o rangos: liderazgo básico, intermedio y avanzado. Es crucial que tú conozcas los nombres específicos de tu compañía, así como las metas que tienes que alcanzar para obtenerlos. Cada empresa las llama de manera diferente, pero casi todas las nombran en relación con piedras preciosas.

Cuando era niño, mi papá me repetía un dicho que se quedó en mí para toda la vida: *¿Cómo te comes un dinosaurio? ¡Te lo comes en partes!* En este camino por alcanzar un nivel Diamante, que es el más alto, necesitas cumplir con diferentes retos personales a lo largo de tu carrera. Son personales porque dependen de que fortalezcas tus habilidades de comunicación, escucha, influencia, liderazgo, implementación de estrategias y campañas de *marketing*, construcción de equipos y mentoría.

Si tú apenas estás comenzando en esta industria, no te desanimes. Antes de ser Diamantes, todos somos un carbón que nos iremos puliendo hasta alcanzar el resplandor y valor de una piedra preciosa. Es importante que sepas que esto se cumple paso a paso y no de la noche a la mañana. Por eso, toda carrera tiene ciclos que miden el tiempo que te impondrás para alcanzar un objetivo determinado. Normalmente, se trata de periodos cortos de treinta días que, de no cumplir tu meta, volverá a iniciar para que tengas una nueva oportunidad de alcanzarla.

De esta forma, si quieres pasar de un rango a otro tendrás treinta días para hacerlo y, si no lo cumples, te mantendrás en el mismo lugar hasta llegar al siguiente nivel. También, aquí toman parte los puntos que pueden sumarse para que tú asciendas, dependiendo de las opciones que tenga tu empresa. Es importante que te enfoques en saber qué es lo que tienes que hacer paso a paso para cumplir, primero, con los rangos básicos, después, con los intermedios y, finalmente, con los avanzados.

Ahora bien, un último factor esencial que te ayudará a subir de rango es el hecho de que cada mes, a pesar de que no puedas alcanzar otro nivel más alto, contarás con un equipo de trabajo con mayor personal y preparación. A la larga, esto permitirá que tus puntos se multipliquen y, a través del apalancamiento, logres las metas de los niveles avanzados. Por ello, para poder obtener rangos superiores y cumplir con la fórmula de carrera e incentivos, primero deberás ser duplicable y generar atracción a tu negocio; es decir, cumplir con las primeras dos fórmulas de este libro.

ENFÓCATE EN LOS RANGOS BÁSICOS

Una de las claves para tener éxito es enfocarte en trabajar en redes de mercadeo y no solo en tu círculo íntimo de compañeros de trabajo. El secreto es trabajar con la profundidad y la horizontalidad de tus equipos, que es la forma en que están construidos y los haces crecer:

- **Profundidad**. Se refiere a todos los niveles que hay dentro de tu organización, ¿cuántas personas hay por debajo de ti?

- **Horizontalidad**. Se refiere a las personas que entran de manera directa a tu organización, ¿cuántas personas eres capaz de agregar a tu negocio multinivel?

De esta forma, si solo trabajas en la profundidad, no captarás a más personas que se unan a tu negocio. En cambio, si solo trabajas en la horizontalidad, descuidarás a las personas que formen parte de tu equipo y estas terminarán por desinteresarse. Por lo tanto, tienes que enfocarte en ambas formas de consolidación de un equipo y descubrir que siempre, de todas las personas que puedas reunir, habrá algunas que destaquen por su obsesión en tener crecimiento dentro de la industria; estas son las que debes procurar, ya que representan el crecimiento de tu organización y futuros líderes avanzados.

En mi caso, cuando inicié me enfoqué en la horizontalidad. Muchas personas ingresaron a mi red, pero no me preocupaba en capacitarlas de la mejor manera; es decir, no contaba con duplicación ni apalancamiento, porque perdía a todas las personas que entraban a mi negocio. De hecho, un mentor me dijo: *¡Tu negocio no va a generarte ganancias si no tienes, al menos, seis niveles por debajo de ti!*, t enía toda la razón. Por eso, cuando me enfoqué también en la profundidad, tuve un arranque explosivo.

A partir de mi experiencia, recomiendo que, en tus primeros rangos, te enfoques en la horizontalidad, ya que esto te ayudará a practicar todas tus habilidades como emprendedor. Luego, en el nivel intermedio, tendrás que sumar el trabajo de la profundidad para encontrar a los futuros Diamantes que puedan permitir el crecimiento de tu negocio. Finalmente, en el nivel avanzado tendrás un papel estratégico, en el que verás qué necesitan tus equipos para ser más eficaces y exitosos; es en esta parte donde los incentivos juegan una parte fundamental en la motivación de crecimiento por parte de todos los líderes que estén dentro de tu organización.

Por último, aun cuando alcances el rango máximo, nunca dejes de trabajar en la horizontalidad, porque esto te permitirá formar nuevos líderes y ampliar tus redes: tu obsesión debe ser motivar a tu equipo a cubrir los primeros rangos de liderazgo para que deseen quedarse y completar la carrera de tu empresa. De lo contrario, la gente se irá de tu negocio y te quedarás sin flujo de crecimiento para la construcción de equipos de trabajo.

Las "pequeñas victorias" son las que permitirán que tu negocio sea sostenible. En lugar de tratar de vender la idea de que pueden alcanzar el rango Diamante en un mes, debes hacer que las personas que entren a tu red vayan paso a paso, enseñándoles a tener pequeños resultados.

EN EL MULTINIVEL, LA GENTE SE QUEDA PORQUE
APRENDE A HACER UN NEGOCIO SIMPLE Y ES
RECONOCIDA POR CADA PASO QUE DA.

LOS RETOS DEL LÍDER

A nivel personal, todos los emprendedores de esta industria se enfrentan con los siguientes retos de acuerdo con su nivel de liderazgo.

Nivel básico:

- **Creencia**. Necesitas creer en la industria, la empresa, el producto o servicio y en ti mismo.

- **Confianza personal**. Debes decidirte a entrar a la industria y creer en tu éxito futuro.

- **Seguridad**. Tener la firmeza de emprender en la industria después de haberte informado sobre tu compañía.

Nivel intermedio:

- **Obsesión por el desarrollo personal**. Abandonar hábitos que no aporten valor a tu crecimiento y usar el tiempo en actividades relevantes como leer, escuchar *podcasts*, acudir a cursos, etc.

- **Fortalecimiento de las actividades productivas.** Practicar con maestría las cinco actividades que permiten la duplicación: invitación, presentación, seguimiento, cierre y duplicación.

- **No gerenciar.** En lugar de reducirse a tus organizaciones ya creadas, debes seguir aumentando tus redes de mercadeo. Si quieres expandirte, necesitas seguir trabajando en la horizontalidad.

- *Marketing.* Debes seguir promoviendo eventos y generando estrategias. Te conviertes en el ejemplo a seguir por todos, por lo que tienes que demostrar tu liderazgo avanzado.

Nivel avanzado:

- **Controlar el ego.** Si bien te permite alcanzar este nivel, se vuelve contraproducente cuando la presunción es mayor a la prudencia.

- **Integridad, intensidad e inteligencia.** Conviértete en un ejemplo para los demás, no pierdas la humildad y sigue trabajando con astucia.

- **Patrimonio.** No malgastes el dinero y desarrolla un patrimonio para tu familia sin dejar de enfocarte en tu negocio.

LOS INCENTIVOS

Los regalos, experiencias y complementos al plan de compensación que tienen todas las compañías son los incentivos que motivan a las personas a seguir adelante en esta industria. Sin embargo, te quiero compartir cuáles son las estrategias que me han servido para aumentar la productividad y logros de mi equipo de trabajo.

En primer lugar, necesitas tener claro que existen dos tipos de incentivos: los internos y los externos. Los primeros se refieren a aquellos que brinda la compañía, es decir, a los bonos adicionales, artículos, viajes o hasta autos, porque toda empresa multinivel debe honrar y promover los esfuerzos de sus líderes. Normalmente, cada determinado tiempo el CEO de tu compañía puede ofrecer un premio por alcanzar un rango o meta en determinado tiempo; es aquí donde debes concentrar toda tu energía para lograr estos incentivos internos y motivar a toda tu organización. Por su parte, los incentivos externos no se refieren a objetos personales o directos como un teléfono o una computadora, sino a experiencias, retiros, cenas, dinámicas, etc.

Cuando te encuentras en un nivel intermedio o avanzado, puedes promover los incentivos al acudir con tus líderes superiores y con tu empresa para consultar qué posibilidades existen de generar premios por los que tu equipo pueda motivarse a crecer. En este punto, tú eres capaz de promover este tipo de incentivos porque, con tu rango y resultados previos, has demostrado que mereces un apoyo y que pueden confiar en ti. Por otro lado, si tu posición es más alta, también puedes acudir con los líderes nivel Diamante que hayas formado, ya que, entre todos, podrán crear un acuerdo de incentivos que puedan financiar de manera igualitaria.

Para aplicarlos, primero debes asegurarte de que tú, como líder, cuentas con un presupuesto sostenible para ofrecer un incentivo determinado. Luego, debes establecer reglas: ¿Cuáles son los términos para disfrutar el incentivo? ¿Qué tienen qué lograr tus líderes? ¿En qué tiempo límite? Finalmente, vas a informar a todo tu equipo, al mismo tiempo, que tienen la posibilidad de ganarse un viaje o una cena, dependiendo del incentivo que decidas ofrecer. Al cumplirse los días estipulados, verás los resultados que te habrá dado tu equipo.

Existe una estrategia muy eficaz para incentivar a tu equipo de trabajo: la regla 15-15. Para llevarla a cabo, es necesario que tus incentivos sean cuantificables, es decir, que tengan puntos de medida. Por ejemplo, si propones un incentivo con una duración de 30 días para su cumplimiento, es fundamental que establezcas un punto de precalificación en el día 15, donde vas a observar los avances de cada uno de los integrantes de tu red. Por obviedad, esto genera que tus líderes analicen su situación y vuelvan a tener un arranque para alcanzar sus objetivos a fin de mes.

Se trata de un medidor que te ayudará a validar el esfuerzo de tu equipo de trabajo y, a su vez, a que ellos mismos laboren de manera administrada y con la motivación de alcanzar el incentivo que les ofreces. Además, esto también ayuda a que tus líderes no dejen de trabajar de manera intensa y se mantengan en su nivel. El fin de esta estrategia es dar un aviso de validación del trabajo realizado y la garantía de una recompensa futura con el cumplimiento total de los objetivos planteados para gozar de los incentivos. Haz la prueba y descubre toda la energía y la urgencia que se creará en tu organización.

Los incentivos son una forma excelente para motivar a tus líderes; sin embargo, no puedes hacerlo todos los días. En cambio, te sugiero que establezcas un periodo de tiempo entre incentivos y que estos sean diferentes para que resulten atractivos.

MÁS ALLÁ DE QUE TU EQUIPO SE SIENTA IDENTIFICADO CON TU EMPRESA, TAMBIÉN LO HARÁ CON TU LIDERAZGO.

CONCLUSIÓN A LA FÓRMULA DE CARRERA E INCENTIVOS

En tu carrera como emprendedor dentro de la industria multinivel tendrás la oportunidad de participar por alcanzar rangos e incentivos para que, una vez que te encuentres en la cima del éxito, puedas promoverlos a su vez en tus equipos de trabajo. De esta manera, la fórmula de carrera e incentivos genera un movimiento de energía que beneficia a toda tu organización:

- Motiva a tus líderes a alcanzar mayores rangos.

- Consolida la integridad de tu negocio.

- Crea una identificación de parte de tu equipo hacia ti.

- Te diferencias por estar al pendiente de tus líderes y ayudarlos.

Desde ahora, enfócate en obsesionarte por cumplir con tu carrera al alcanzar cada uno de los rangos y motiva a tu equipo con incentivos internos y externos para que decidan crecer contigo. Querido emprendedor, recuerda que este es un movimiento que funciona, que está hecho para ti y que te permitirá generar cantidades de siete cifras en menos de un año.

Por mi parte, te doy el reconocimiento por estar leyendo este libro y ocuparte en tener los conocimientos para trabajar de manera efectiva en tu negocio multinivel. ¡Felicidades y adelante! ¡Estás más cerca de completar las fórmulas para tener un emprendimiento exitoso!

CAPÍTULO 5

FÓRMULA DEL ARRANQUE EXPLOSIVO

En la actualidad, acabamos de vivir una de las peores pandemias de la historia de la humanidad en la que nos hemos tenido que alejar de manera física. Con ello, la industria del multinivel también tuvo que evolucionar: se dejaron los eventos presenciales para pasar a las plataformas digitales. De esta manera, la fórmula del arranque explosivo se ha tenido que valer del desarrollo de los eventos virtuales para crear lanzamientos que posicionen a tu movimiento como uno de los que generan mayor impacto.

A lo largo de los últimos meses, los eventos comerciales se han llevado a cabo por internet. De hecho, la mayoría de los consejos que te he dado en este libro están enfocados en las campañas y presentaciones virtuales. Sin embargo, hay eventos que necesitan ser presenciales: los internos, que son con tu empresa y equipo de trabajo.

En esta industria hay dos tipos de eventos: los comerciales y los empresariales. De los primeros te he hablado en la fórmula de atracción, que consisten en realizar presentaciones para cerrar ventas y nuevos consumidores para tu negocio. En este apartado, me enfocaré en explicarte los eventos empresariales, que te permitirán mantener el flujo energético del arranque explosivo que tu equipo debe mantener con constancia.

En conjunto, ambos tipos de eventos son necesarios para un arranque explosivo, pero los internos o empresariales son los que generan la conexión para que tu movimiento crezca y tenga impacto. Estos son los elementos principales que cumplen:

- **Ecualizar la energía**. Buscan el equilibrio de energía de cada uno de los integrantes de una empresa.

- **Creencia e inspiración.** Permiten la confianza en la industria, la empresa y en los emprendedores por sí mismos para desarrollarse en sus carreras personales.

- **Consolidación.** Provocan que los equipos se unan para alcanzar los máximos resultados dentro de la industria.

Cuando se dominan estos tres elementos en eventos internos, el volumen de tu negocio crece de manera irremediable. Por eso, tú debes ocuparte en realizar eventos, ser el principal promotor. En esta industria se crean redes y los eventos son esos espacios mágicos llenos de energía en los que las personas te reconocen como líder y tú tienes la posibilidad de inspirarlos a cumplir sus sueños.

¡Adelante, querido emprendedor! ¡Conviértete en un líder que genere arranques explosivos!

CONVIÉRTETE EN EL PRINCIPAL PROMOTOR DE TUS EVENTOS

Todo líder debe convertirse en un promotor principal de eventos que aproveche cada uno de los espacios y tiempos que le brinde su compañía. En la medida en que tú procures la realización de eventos podrás duplicar tus seguidores y transformar vidas. Por eso, también es importante la cantidad de gente a la que lleves contigo.

En lo personal, a mí me ocurrió que, una vez en la que asistí a un evento corporativo nacional en Houston, Texas, solo fui acompañado por un par de personas. Mientras que el resto de los líderes de la empresa asistieron con sus equipos completos y llenos de energía, me sentí como un tonto por no haberle dado la importancia al evento y no haberlo promovido entre mis socios. Sentí que les había privado de la oportunidad para catapultar nuestro negocio multinivel.

A pesar de que un evento de este tipo pueda resultar costoso por la inversión del viaje, es más caro no presentarse en él; no tener dinero no es un pretexto para no ir. De hecho, acudir a los eventos te permitirán generar dinero porque te inspiran y conectan con tu negocio. Por eso, quiero presentarte un valor que debes tener como líder: la anticipación. Tienes que anticiparte a todas las circunstancias que atravieses con tu equipo, ya sean económicas, familiares, laborales o de salud, así como ser administrado y prever las agendas y los eventos. Un líder que se anticipa, por lo tanto, siempre es un buen promotor de eventos:

PIENSA MÁS ALLÁ ANTES QUE TODOS.

TIPOS DE EVENTOS EN LA INDUSTRIA MULTINIVEL

En la industria multinivel existen dos tipos de eventos principales que un líder promueve: los de *marketing* y los internos.

Los eventos de *marketing* o *lead magnet* son cualquier espacio que tú haces o ejerces para organizar presentaciones, conferencias, cursos o seminarios con el propósito de atraer personas a tu negocio: crear nuevos líderes, inversionistas o promotores. Por su parte, los eventos internos son los que tienen que ver con tu empresa: *bootcamps* regionales, nacionales y mundiales. Mientras que los de *marketing* tienen una secuencia diaria o semanal, los internos se realizan de manera trimestral, semestral y anual.

Los *bootcamps* regionales son eventos que reúnen, básicamente, a tu equipo o equipos de trabajo. Son organizados por líderes Diamante para darle conciencia y sentido de pertenencia a su organización. Aunque, al pertenecer a la industria formas parte de un todo, estos eventos regionales te hacen desarrollar una propia capacitación, estrategia y acción con tu equipo. Incluso, muchas veces surgen nombres para tu grupo de guerreros.

En cambio, los *bootcamps* nacionales y mundiales son de mayor aforo. Aquí participan el CEO, los gerentes corporativos, la gente de contabilidad y todos los distribuidores. Son dinámicas que permiten ver el alcance global de tu compañía. Por consecuencia, estos eventos son los únicos que no puedes organizar, pero son fundamentales. Siempre debes estar atento al calendario y agendar tu asistencia en cada uno de ellos.

Por último, me gustaría concluir con un asunto importante. En mi camino por esta industria, algunas personas me han dicho: *¡Oye, Rafa! En mi compañía nunca se hacen eventos.* Si este es tu caso, te invito a que cambies de empresa, porque si no realizan eventos significa que no saben cómo funciona el multinivel o que tu negocio apenas está comenzando. Considéralo como un punto más a los factores que te mostré en el *kickstart* para unirte a una compañía.

¿QUÉ ES UN *BOOTCAMP*?

El *bootcamp* es un entrenamiento o evento privado de tres días que realizas con tu equipo y que reúne dos temas fundamentales: el contenido y la emoción. Se trata de compartir un seminario a través de un sentido de unidad; es decir, va en contra de caer únicamente en lo informativo o en la convivencia. La combinación de ambos factores permite una renovación inteligente de energía para enfocarse en el desarrollo de un negocio multinivel.

Como vimos en el subtema anterior, los *bootcamps* regionales son los que tú, como líder, puedes organizar. Son importantes para que tu equipo tenga cercanía y compartan experiencias. Es por esto que te explicaré algunos elementos que forman parte de estos eventos.

- **Planeación**. Debes organizar tu *bootcamp* con dos meses de antelación y considerar todo lo que necesitarás para el entrenamiento: equipo de sonido, videos, iluminación, etc.

- **Locación**. La mayor parte de estas reuniones se hacen en hoteles todo incluido que están junto a la playa, con el propósito de que tu equipo eleve sus estándares y se inspire en alcanzar un tipo de vida donde sean tratados como personas de la realeza. El fin es disfrutar una nueva experiencia que impulse a cumplir todos los objetivos de la empresa para convertirse en líderes nivel Diamante.

- **Contenido informático y emocional**. Son espacios en los que se combinan conferencias con actividades dinámicas de integración. Aquí, las ponencias las dan tus líderes intermedios o avanzados, quienes pueden compartir temas que los hayan ayudado, por ejemplo, a afiliar treinta personas o a vender cien mil dólares en menos de un mes. Se trata de hablar de reconocimiento, motivación y unidad. Por su parte, se hacen dinámicas de integración al combinar lugares para tomar asientos entre desconocidos, hacer meditaciones grupales y dar una pequeña presentación frente a todos, en el que se respondan preguntas como ¿cuál es tu nombre?, ¿de dónde vienes?, ¿cuál es tu expectativa? y ¿qué te llevas del evento? Esto permite que tu reunión sea mágica, memorable e inolvidable.

- **Agenda de concentración.** Un *bootcamp* dura alrededor de tres días y suele llevarse a cabo los fines de semana. De manera general, el primer día se utiliza para dar la bienvenida y tener una convivencia, el segundo, para trabajar de manera intensa con el contenido compartido y, el tercero, para tener una última conferencia y despedida.

- **Experiencias.** Son actividades como las meditaciones, caminatas sobre el fuego, dinámicas de *coaching* o "saltos de fe", donde las personas se dejan caer de espaldas para ser sostenidas por el equipo.

- **Actividades de reconocimiento.** Es importante crear paneles, entre conferencias, donde tus líderes intermedios y avanzados compartan su experiencia desde un enfoque emocional. Es una oportunidad donde todos pueden identificarse y saber que, en esta industria de los sueños, el éxito y el crecimiento son reales.

Durante los dos meses de preparación y promoción que anteceden al *bootcamp*, debes mantenerte comunicado con tu equipo, al que harás saber, cada semana, la información de cómo van los preparativos del siguiente evento. Para ello, debes contar con personas que te ayuden en la preparación de tu *bootcamp*, porque, al igual que con los eventos de *marketing* de los que te hablé en la fórmula de atracción, los eventos internos tampoco pueden llevarse a cabo por ti solo, sino que necesitas valerte de otros tres o cinco líderes que te apoyen en la logística y acordar buenas tarifas con los hoteles.

Una de las estrategias que suelo utilizar para motivar a mi equipo es ofrecerles la promoción de que, si aumentan de rango en el lapso previo al evento, no tendrán que pagar el hospedaje del hotel, la experiencia y el *kit* de bienvenida; únicamente su traslado. ¿Y quiénes pagan en su lugar? Los líderes Diamante; es decir, se trata de una inversión de tu parte para tu equipo de trabajo.

Por otro lado, las personas que no aprueban esta promoción tienen que financiar su participación en el *bootcamp*. De esta manera, un *bootcamp* es pagado tanto por los organizadores (líderes nivel Diamante) como los asistentes que no cumplan promociones (emprendedores de liderazgo básico e intermedio).

Ahora bien, ¿cuántas personas acuden a un *bootcamp*? Yo recomiendo que los organices cuando cuentes con una organización de, al menos, cincuenta personas. Mientras más personas, mejor. De hecho, también puedes permitirles que vayan acompañados por su pareja o un familiar para generar un ambiente de cordialidad entre todos. Esto es muy útil porque, a la larga, los acompañantes de tu equipo los motivarán a alcanzar sus logros.

En tu papel como líder, tienes la responsabilidad de realizar estas reuniones de manera trimestral. En cambio, si aún no eres un líder diamante, tu responsabilidad será estar al pendiente y promover con tus líderes superiores la organización de *bootcamps*.

CONCLUSIÓN A LA FÓRMULA DE ARRANQUE EXPLOSIVO

La finalidad de que tú como líder promuevas eventos internos y *bootcamps* es que generes un círculo de arranque explosivo. Me refiero a que, de manera constante, renovarás la energía de tu equipo de trabajo cada vez que te enfoques en brindarles esta experiencia. Una vez que el *bootcamp* termine y regresen al trabajo, todos estarán motivados para dar el máximo rendimiento y luchar por alcanzar el siguiente nivel.

Una vez que te conviertas en un experto en promover los eventos internos y cumplas con la fórmula de arranque explosivo, podrás asegurar la motivación de tu equipo para que tu negocio tenga crecimiento.

¡Ánimo, estás a un paso de alcanzar cantidades de siete cifras en menos de un año!

CAPÍTULO 6

FÓRMULA DE AUTOMATIZACIÓN PARA TU NEGOCIO

Teniendo en cuenta la gran cantidad de información anteriormente dicha, en este último capítulo te explicaré la fórmula de automatización. Para cumplirla, necesitas tener un rango intermedio o avanzado dentro de tu empresa; es decir, debes contar con duplicación y atracción en tu negocio. Antes de explicarte en qué consistirá esta fórmula, permíteme contarte algo.

Cuando llegué a esta industria, me di cuenta de que muchas personas entraban y, del mismo modo, muchas otras se rendían. Incluso, hay gente que tiene éxito como Diamante, pero que, después de una década, se dedican a otros negocios, ya sea afuera o dentro de la misma industria. De hecho, yo entré con esa intención a futuro: diversificar mis unidades de negocio.

Hoy en día, cuento con seis compañías multinivel que trabajan para mí debido a la sistematización. Pero, ¿cómo ocurrió esto? Mi gran motivación fue una de las frases que me compartió un mentor: *Rafa, yo trabajo mucho en trabajar lo menos posible.* Con el tiempo, pude comprender a qué se refería: si trabajaba mucho en la construcción de un sistema, podía crear una organización que trabajara para mí y en la que, encima, ayudara a las personas a cumplir sus sueños. Si bien el *network marketing* es uno de mis negocios principales, ya no me ocupa tanto tiempo como hacía antes, porque he invertido mi dinero en otras compañías.

Por esto, retomaremos las actividades de duplicación (invitación, presentación, seguimiento y cierre) a partir de estrategias que te permitirán automatizarlas, como las herramientas ActiveCampaign en el envío de correos electrónicos o las plataformas *e-learning*, que funcionan a partir de la tecnología.

¡Ánimo, querido emprendedor! ¡Con esta lección pasarás a competir en otros mercados continentales para obtener ganancias las veinticuatro horas de los siete días de la semana!

ELEMENTOS DE LA AUTOMATIZACIÓN

Existen una serie de elementos cruciales para que tu negocio logre automatizarse y darte libertad financiera y de tiempo. Si los recuerdas, son los que conforman la fórmula de duplicación:

- **Invitación.** Este paso, que se refiere al *marketing*, puede automatizarse gracias al internet y a las estrategias pagadas.

- **Presentación.** Hay herramientas como los *webinars* que permiten hacer presentaciones para que cualquier persona pueda verla en su horario preferido. Esto ayuda mucho a los prospectos que no pueden asistir a presentaciones en vivo.

- **Seguimiento.** Una de las mejores estrategias es la implementación del *email marketing*, que se refiere a la secuencia de correos que tus prospectos recibirán tras tu presentación para que se animen a aceptar tu propuesta de negocio.

- **Cierre**. Este elemento es difícil de automatizar, pero hay herramientas que permiten tener una agenda organizada.

- **Duplicación**. Una plataforma *e-learning* ayuda a tus equipos de trabajo a seguir los mismos parámetros de tu negocio.

Dentro de estas etapas, te he mostrado todas las claves para realizar con éxito una invitación a través de campañas de *marketing* en la fórmula de atracción, por lo que no me detendré en ello. En cambio, retomaré los otros elementos para enseñarte cómo automatizar las actividades de tu negocio. Recuerda que solo podrás alcanzar este objetivo cuando tu negocio tenga los ingresos suficientes para que tú puedas invertirlos. De lo contrario, perderás mucho dinero.

PRESENTACIÓN AUTOMATIZADA

La presentación de un negocio es indispensable para que sumes a tu empresa consumidores o emprendedores de tu producto o servicio. De manera sencilla, una presentación automatizada consiste en un preámbulo o filtro conciso y de mucho valor que prepare a tus prospectos para asistir a una presentación completa.

Por lo tanto, una presentación automatizada no tiene el fin de que la gente tome la decisión de aceptar una propuesta, sino de validar el interés en el contenido que tienes por ofrecer. Se trata de una grabación que debes presentar a tus prospectos una vez que se registren en tu *landing page*. De esta forma, ellos podrán conocer de qué les hablarás en tu presentación en vivo.

Ahora bien, una presentación automatizada debe ser clara, ágil y sin errores técnicos o de información. En total, te recomiendo una duración de treinta minutos, no más. En esta presentación, debes considerar la siguiente estructura:

- **Introducción**: contiene tu presentación personal, el tema de tu movimiento y la justificación del por qué las personas tienen que asistir

- **Contenido**: se refiere a la información general que das de la compañía y su base legal, la presentación del producto o servicio y el proceso para formar parte del negocio.

- **Prueba social**: testimonios que puedan demostrar el éxito del negocio.

- **Contacto**: otorgar un número de teléfono para que puedan escribirte por WhatsApp.

En cuanto al *software*, hay diferentes opciones por las que puedes grabar tu presentación, dependiendo del sistema operativo que tengas. Para Windows, existe uno muy recomendable de grabación y edición de video que se llama Camtasia, una plataforma que se paga por licencia de uso mensual. Otro *software* es QuickTime Player, que es exclusivo para Mac OS y ya viene preinstalado. Por su parte, también existe Open Broadcaster Software (OBS), una plataforma gratuita que puede utilizarse en Windows, Linux y Mac OS.

En cambio, para llevar a cabo tu presentación tipo *webinar*, puedes utilizar la plataforma Everwebinar o la herramienta Kajabi. En lo personal, utilizo Everwebinar, que puede pagarse de manera trimestral o anual y tiene dos opciones de contrato, según requieras eventos en vivo o grabados. Entre muchas de sus funciones, se encuentran simular un chat en vivo, guardar repeticiones o la creación de un *landing page*.

También debes cuidar tu presentación personal, contar con una buena iluminación y un audio claro. Las personas tienen que ver el valor que le das a tu presentación automatizada. Por último, en caso de que no optes por pagar Everwebinar, acude a plataformas como Workana, donde podrás contratar a expertos que te ayuden a montar tus presentaciones automatizadas.

EVERWEBINAR PARA MIS PRESENTACIONES

En mi carrera como emprendedor de esta industria, Everwebinar ha sido un factor crucial en mi nivel Diamante, así que te compartiré algunas de las herramientas más importantes que puedes utilizar en esta plataforma a favor de tus presentaciones. Una vez que has adquirido tu licencia del programa, tienes la opción de agregar un *webinar*. Aquí te explico los pasos que debes seguir:

I. Configuración

1. ***Source video***. En esta ficha, debes llenar los siguientes datos y dar clic en el botón de confirmación.

   • Adjuntar un link de YouTube o Vimeo donde tengas tu video pregrabado.

   • Colocar la duración en minutos del video.

2. **Basic settings**. Se refiere a llenar la información del *webinar* y dar clic en el botón de confirmación.

   • Escribir el nombre (privado) y el título (público) del *webinar*.

   • Desarrollar la descripción del *webinar*.

   • Elegir el idioma.

   • Colocar la opción de público o privado para tu *webinar* (si es que deseas que cualquier persona pueda verlo en la plataforma o si solo deseas que tengan acceso aquellos que cuenten con el enlace privado).

3. **Webinar presenters**. Tienes que escribir la información sobre los presentadores y dar clic en el botón de confirmación.

   • Llenar la ficha del presentador: nombre, foto, correo electrónico y rol (presentador).

II. Horarios

1. **_Schedules._** Puedes elegir qué días o con qué periodicidad se llevará a cabo. Por su parte, el horario se programa en automático de acuerdo con la zona horaria de los espectadores.

2. **_Instant watch replay._** Tienes la opción de activar o desactivar que un espectador pueda repetir el video.

3. **_Allow late attendance._** Esta opción permite que las personas que lleguen tarde puedan ingresar.

4. **_Enable just-in-time._** Esta opción hace que a las personas les llegue un aviso de que han ingresado a tiempo.

5. **_Blocks._** Tienes la opción de bloquear la presentación en días festivos o fechas que establezcas.

6. Dar clic en confirmar.

III. Página de registro

1. **_Registration page design._** Aquí debes colocar el diseño o video para tu _landing page_ cuando los prospectos quieran registrarse. Esta opción te permite colocar viñetas, colores, tipografías, etc. Una vez que se termine de editar esta pestaña, debe dar clic en _save_ and _exit._ Dar clic en confirmar.

2. **_Registration form design._** Se elige el diseño para el formulario. Dar clic en confirmar.

3. *Registration form fields.* Se seleccionan los campos a incluir en el formulario: nombre, correo electrónico y WhatsApp. Dar clic en confirmar.

4. *Free registration vs Pald registration.* Elegir que la entrada sea gratuita. Dar clic en confirmar.

5. *Password protection.* Permite generar una contraseña de protección en caso de requerirse.

6. Dar clic en confirmar.

IV. Notificaciones.

1. *Prewebinar notifications.* Te da lo opción de elegir que los prospectos registrados reciban un correo de confirmación y otro de recordatorio quince minutos antes del inicio de la presentación.

2. Dar clic en confirmar.

V. Integraciones

1. *Email autoresponder integration.* Permite integrar otro sistema de correo que utilices como ActiveCampaign o Infusion Soft.

2. Dar clic en confirmar.

VI. Agradecimiento

1. *Default vs Custom confirmation page.* Te muestra la página en que se dará el agradecimiento

o la opción de colocar la página a la que gustes que conduzca a tus prospectos. Dar clic en confirmar.

2. **Survey your registrants**. Puedes realizar encuestas a tus prospectos registrados. Dar clic en confirmar.

3. **Thank you page design**. Elegir el diseño de la página de agradecimiento.

4. Dar clic en confirmar.

VII. En vivo

1. En esta pestaña se muestran muchas opciones que puedes activar para tu presentación en vivo, como tener un contador, un color de pantalla, tipo de chat, etc.

VIII. Finalizar

1. Una vez que has terminado la carga de tu *webinar* y elegido todas sus características, da clic en finalizar y copia el link de tu *webinar* para que puedas compartirlo con tus prospectos.

¡Listo, ya tienes tu primera presentación automatizada! Si utilizas esta estrategia en tu negocio, tendrás mayor facilidad para construir equipos fuera de tu país y tener contacto con otros socios internacionales. ¡Puedes llegar a cualquier parte del mundo!

SEGUIMIENTO: AUTOMATIZACIÓN DE CORREOS

El correo electrónico es una herramienta estupenda para enviar información a las personas. De hecho, durante los siguientes años será todavía la herramienta más íntima de comunicación digital para el ambiente de negocios. Además de ser un medio más formal y oficial que las redes sociales, su uso en la industria multinivel se concentra en invitar a las personas a conectarse a una presentación en vivo y en programar una automatización de correos electrónicos para las personas que ya se conectaron a tu plataforma en Everwebinar.

Cuando tus prospectos llenan un formulario de registro y ven tu presentación automatizada, muchas veces, a pesar de quedar emocionados, no se animan a seguir adelante con tu negocio. Por esto, es necesario que automatices los correos electrónicos para dar ese último "empujón" que las personas necesitan; en esto consiste el seguimiento.

Después de la presentación, debes enviar un correo diario a los prospectos para apelar a los "gatillos mentales" de los que te hablé en la fórmula de atracción: autoridad, reciprocidad, prueba social, simpatía, urgencia y escasez. A continuación, te presentaré un esquema o plan de correos electrónicos que debes seguir por cinco días y en un horario uniforme:

- **Primer correo electrónico**: se envía de forma inmediata una vez que termina tu presentación. Se trata de un mensaje en donde le agradeces a las personas por haberse dado el tiempo de acompañarte en el evento y les haces saber que pueden escribir o mandar un WhatsApp para resolver todas las dudas que aún tengan. Es un primer llamado de acción.

- **Segundo correo electrónico**: consiste en hablar de la legalidad, la sostenibilidad y el largo plazo de tu compañía, para que tenga la seguridad de que puede confiar en tu producto o servicio, así como en tu red de distribución.

- **Tercer correo electrónico**: se da un mensaje de empatía con prueba social. Contiene un sentido emocional donde compartes un poco de tu historia y el éxito que has tenido dentro del movimiento de tu empresa. Finalmente, vuelves a invitarlos a ponerse en contacto para resolver sus dudas.

- **Cuarto correo electrónico**: activas el gatillo de autoridad al explicar por qué debe consumir tu producto o servicio o formar parte de tu equipo de trabajo. Debes hacerle ver que puede ser parte de una comunidad profesional que lo invita a participar en una ronda de negocios.

- **Quinto correo electrónico**: es el correo de despedida. Es el último mensaje acerca de tu movimiento de transformación y la última petición para que el prospecto se ponga en contacto con tu equipo. Muchas veces, este correo es el que confiere mayor aceptación.

Ahora bien, aunque estos correos pueden mandarse de manera manual, existen distintas plataformas como ActiveCampaign o MailChimp que te permitirán a automatizar el seguimiento. Te recomiendo revisarlas y escoger la que mejor se ajuste con tus necesidades y posibilidades.

Por último, ya que no existe una manera de automatizar la etapa del cierre de una venta o asociación, es importante que te apoyes de esta herramienta de automatización del seguimiento para incrementar tus habilidades en ventas y promover la duplicación de tu negocio.

DUPLICACIÓN AUTOMATIZADA: *E-LEARNING*

La actividad de duplicación es la etapa del proceso que más tiempo requiere, ya que consiste en enseñar toda esta serie de actividades a un emprendedor para que pueda invitar, presentar, seguir y cerrar de manera independiente. Enfocarte en automatizar la duplicación permitirá que te ahorres tiempo de trabajo y que las personas validen su compromiso y aprendizaje. También, recuerda que solo podrás hacer está automatización cuando seas un líder intermedio o avanzado con al menos doscientas personas en tu equipo.

La automatización de la duplicación se logra a través del *e-learning*, una plataforma de contenidos digitales donde los integrantes de tu equipo pueden consumir información básica, intermedia o avanzada en torno al negocio. En esta era digital, es el punto de partida de cualquier emprendedor que va ingresando a la industria. De esta forma, solo cuando ellos tengan una pregunta muy específica que no se halle en la plataforma, acudirán a ti para solicitar tu ayuda directa. Algo que también recomiendo es contar con una comunidad en Telegram para que todo tu equipo y líderes estén en contacto, donde cada persona pueda resolver una duda y se sienta respaldada por toda la organización.

Ahora bien, un *e-learning* debe tener un contenido preciso y de valor, donde, con tres o cinco horas de reproducción o lectura, las personas puedan tomar nota y prepararse para su lanzamiento inicial: una serie de cuatro presentaciones del producto o servicio de la empresa. Por eso, los contenidos deben ser archivos PDF, videos o audios únicamente acerca del negocio con el fin de clarificar dudas para tomar acción; de hecho, muchas veces las compañías ya tienen estos contenidos. Por ejemplo, en mi plataforma cuento con seis módulos:

1. **Módulo básico**: consiste en dar la bienvenida a las personas, las expectativas y las formas de crear dinero.
2. **Módulo de la empresa**: se expone la historia, los fundadores y la procedencia de la compañía.

3. **Módulo de productos o servicios**: se da toda la información acerca de los productos o servicios de la empresa.

4. **Módulo del plan de compensación**: se explican con claridad las compensaciones de la empresa.

5. **Módulo del sistema**: se comparte la organización de presentaciones, horarios, apoyos, etc.

6. **Módulo de tutoriales**: información general acerca de cómo hacer un pedido de producto o servicio, dar de alta a un prospecto, crear una campaña, etc.

Por mi parte, estos módulos son suficientes para que una persona de mi equipo tenga un arranque explosivo y lanzamiento.

A continuación, te presento los factores por los cuales necesitas tener un *e-learning:*

- **Independencia**. La automatización de duplicación te permite generar una red de personas que se conviertan de manera rápida en líderes independientes que inventen, presenten, sigan y cierren ventas por sí solas.

- **Validación del compromiso**. Un *e-learning* es un filtro excelente para validar el compromiso que tienen las personas que forman parte de tu equipo. De esta forma, no tendrás que desgastar tu tiempo en gente que no tiene la intención de cumplir sus sueños en la industria.

- *Marketing*. Al contar con listas altas de contactos en tu plataforma *e-learning*, conformarás una audiencia que puedes compartir con Facebook o Google para que utilicen esta lista de referencia y hagan publicidad destinada a perfiles que sean similares a los que estén registrados en el *e-learning*. Es una manera muy inteligente de hacer *marketing* y contactar a gente que cumpla con el perfil de consumidor o *downline*.

Ahora que sabes la importancia de contar con un *e-learning* para automatizar la duplicación de tu negocio, te compartiré tres formas por las que puedes crear este espacio digital de contenidos.

1. **Hacerlo tú mismo**. Esta es la forma que requiere más trabajo, pero es importante que tengas dominio en los contenidos de tu plataforma. Puedes contratar a un programador externo que se encargue de tu *e-learning*, pero debes estar al tanto de cada movimiento.

2. **Kajabi**. Hay plataformas pagadas como Kajabi que ya cuentan con un sistema diseñado para que puedas subir tu contenido y estar en contacto con tus usuarios.

3. **Hotmart**. Hay plataformas gratuitas como Hotmart que son sencillos y prácticos de utilizar; solo algunas de sus funciones son pagadas.

Finalmente, te explicaré un poco más de Hotmart, ya que es la plataforma que puede convenirte más al iniciar un *e-learning*. Es una plataforma brasileña del tipo "todo en uno" donde puedes subir cursos, información y procesadores de pago. Una de sus mayores ventajas es la sencillez de su uso y únicamente necesitas ingresar a su página web y registrarte con un correo electrónico, nombre, dirección e intención de uso (venta de productos).

Además, dentro de la plataforma se encuentra la función Hotmart Sparkle, para que tus usuarios puedan descargar los videos en sus computadoras y reproducirlos incluso sin internet. También cuentan con otras funciones como Hotmart Academy para la creación de entrenamientos y Hotmart Club, que es el espacio para crear tu *e-learning*.

CONCLUSIÓN A LA FÓRMULA DE AUTOMATIZACIÓN PARA TU NEGOCIO

Tal como se ha visto en este capítulo, te he mostrado las estrategias y herramientas que tienes que realizar para automatizar tu negocio: Everwebinar para tus presentaciones, ActiveCampaign para tu seguimiento a prospectos y Hotmart para la duplicación de tu negocio a partir de un *e-learning*. En cuanto a la automatización de las invitaciones, esto te lo he mostrado con la creación de campañas digitales de *marketing* en la fórmula de atracción. Por su parte, la actividad de cierre de ventas, al ser un área subjetiva, dependerá de tu trabajo en optimizar todas las áreas de oportunidad que tienes para automatizar los procesos de tu negocio.

Una vez que domines estas automatizaciones, tu negocio no tendrá ningún límite de crecimiento y podrás enfocarte en expandirte cada vez más. ¿Te das cuenta de todo el tiempo de trabajo que se ahorra al utilizar estas plataformas? Hoy en día es indispensable utilizar las tecnologías para nuestra ventaja y solo un verdadero emprendedor se adelanta a crear sistemas automatizados para incrementar su éxito en la industria multinivel.

¡Muchas felicidades! ¡Has concluido la quinta fórmula! ¿Estás listo para poner en práctica todo lo aprendido?

DESPEDIDA

Querida, querido emprendedor, has llegado al final de este libro que preparé para ti con muchísimo amor y esfuerzo para que tengas el resultado que buscas dentro de esta industria. De corazón, deseo que puedas implementar todo el aprendizaje obtenido a lo largo de estas cinco fórmulas para que logres los objetivos que anhelas alcanzar. No decaigas ni te rindas. En cambio, trabaja de manera intensa.

En estas fórmulas te he mostrado todo lo que he aprendido a lo largo de una década de trabajo en el multinivel, así como las herramientas puntuales y prácticas que me han permitido alcanzar los rangos más avanzados en todas las compañías en que he participado y a generar mucho impacto y dinero alrededor del mundo. Recuerda que tú has llegado a esta industria para ser un empresario y líder de un movimiento respaldado por un ejército de soñadores. Por eso, espero que hayas disfrutado de esta lectura. Por mi parte, ha sido un placer compartirte mi experiencia y confío en que, si tú te decides a hacerlo, serás un auténtico profesional de nivel Diamante.

¡Felicidades!, porque tú estás marcando una diferencia muy grande entre las personas que vienen a esta industria como *amateurs* y las que vienen para convertirse en verdaderos profesionales. Por este motivo, tú eres una persona especial para mí. Si has llegado hasta este momento, significa que eres una persona de mucho valor que demuestra una gran disposición por entrenarse y crecer en los negocios.

Si en tu corazón cabe la posibilidad de que juntos podamos hacer un negocio, créeme que estaré dispuesto a crecer contigo, porque a mí me encanta trabajar con gente dedicada, comprometida y profesional que demuestre su valor como líder y persona. Te invito a que me contactes en mi cuenta de Instagram para que podamos seguir en comunicación: @rafa.alatorre

También, quiero darte como bono el curso gratuito de Kickstart Multinivel para que puedas consultarlo las veces que gustes para seguir entrenándote. Lo puedes encontrar al acceder a este link: https://bit.ly/3FLx0Yf

¡Gracias por todo! Enhorabuena, bendiciones para ti y tu familia. Te deseo el mayor de los éxitos, salud y sabiduría para poder impactar la vida y los corazones de muchos otros emprendedores que están detrás de ti y que esperan a un líder que pueda orientarlos a través de esta industria de los sueños.

¡Felicidades, querida emprendedora, querido emprendedor! ¡Muchas felicidades, líder Diamante!

Sobre el autor

Rafael Alatorre es especialista en creación de estrategias comerciales a través de internet. Con más de 10 años de experiencia como emprendedor y *networker*, ha implementado embudos de ventas para cientos de organizaciones en diversos sectores comerciales. Es consultor y fundador de *KUDOS Mercadotecnia*, fundador y CEO de *Fábrica Emprendedora*, miembro del *E-Marketing Association* y un profesional certificado por *Google Adwords*.

Su carrera en el emprendimiento le ha permitido desarrollar las estrategias clave para tener éxito en la industria multinivel al cumplir 5 fórmulas que te llevan a alcanzar los rangos más altos de una compañía, pasar de

0 a 6 cifras en ganancias y formar un equipo de trabajo sólido en menos de un año.

Una de sus misiones principales es compartir sus conocimientos para que las personas puedan cumplir sus sueños en la industria multinivel. Es por eso que se ha dedicado a organizar congresos, exposiciones, cursos y eventos en torno a los negocios y al *networking* empresarial.

FUENTES DE INFORMACIÓN:

1. BBVA. (27 de mayo del 2021). *¿Se puede ganar un salario alto y ser de clase media?* https://www.bbva.com/es/se-puede-ganar-un-salario-alto-y-ser-de-clase-media/

2. Cialdini, R. B. (2013). *Influence: the psychology of persuasion.* Collins.

3. Maxwell, J. (2009). *Las 21 leyes irrefutables del liderazgo.* Grupo Nelson.

4. Rachael L Maguire. (16 de junio de 2018). *Young Living 2018 Convention clip – Eric Worre!* [Archivo de video]. Youtube. https://www.youtube.com/watch?v=reqX0ceHA9k

www.ingramcontent.com/pod-product-compliance
Lightning Source LLC
Chambersburg PA
CBHW072202290526